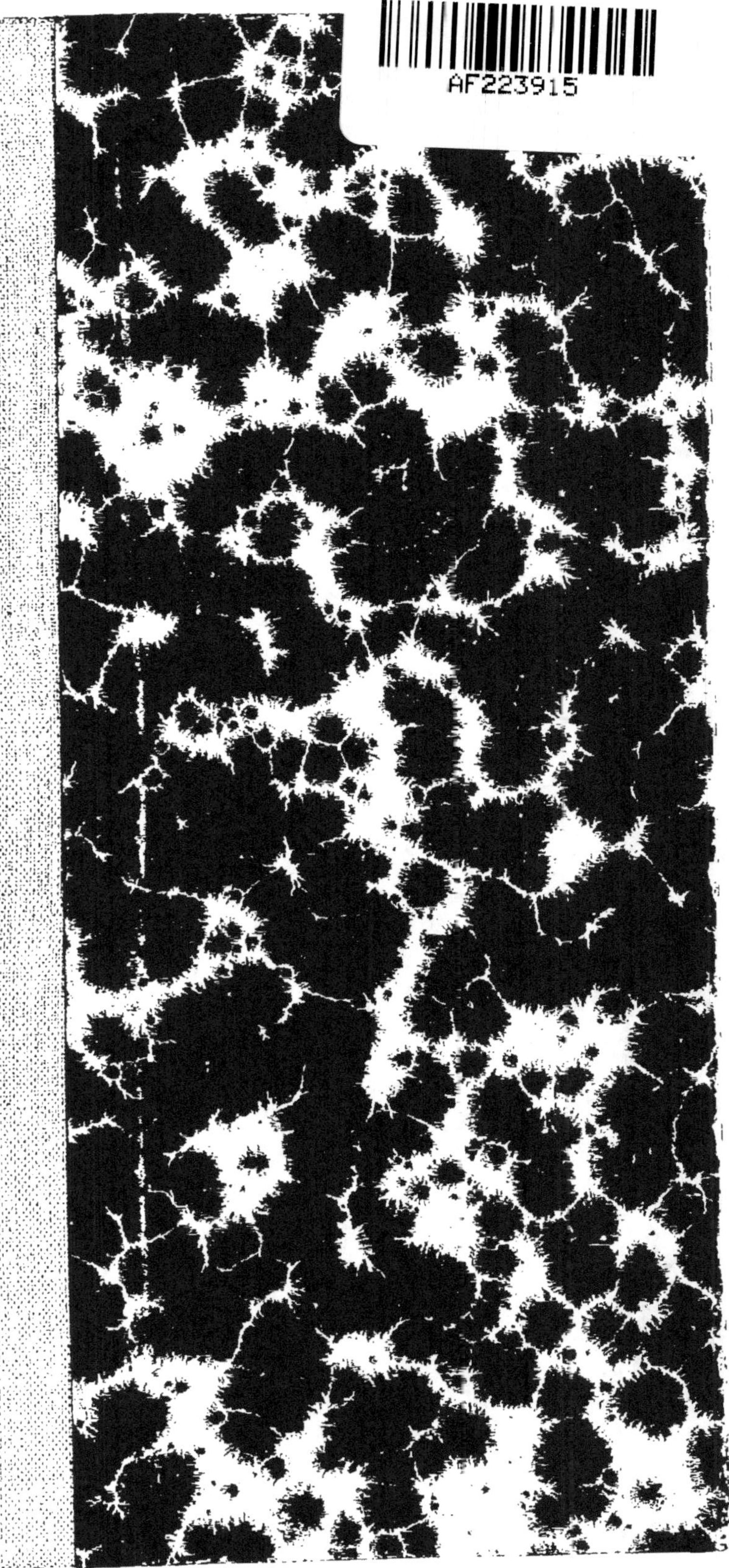
AF223915

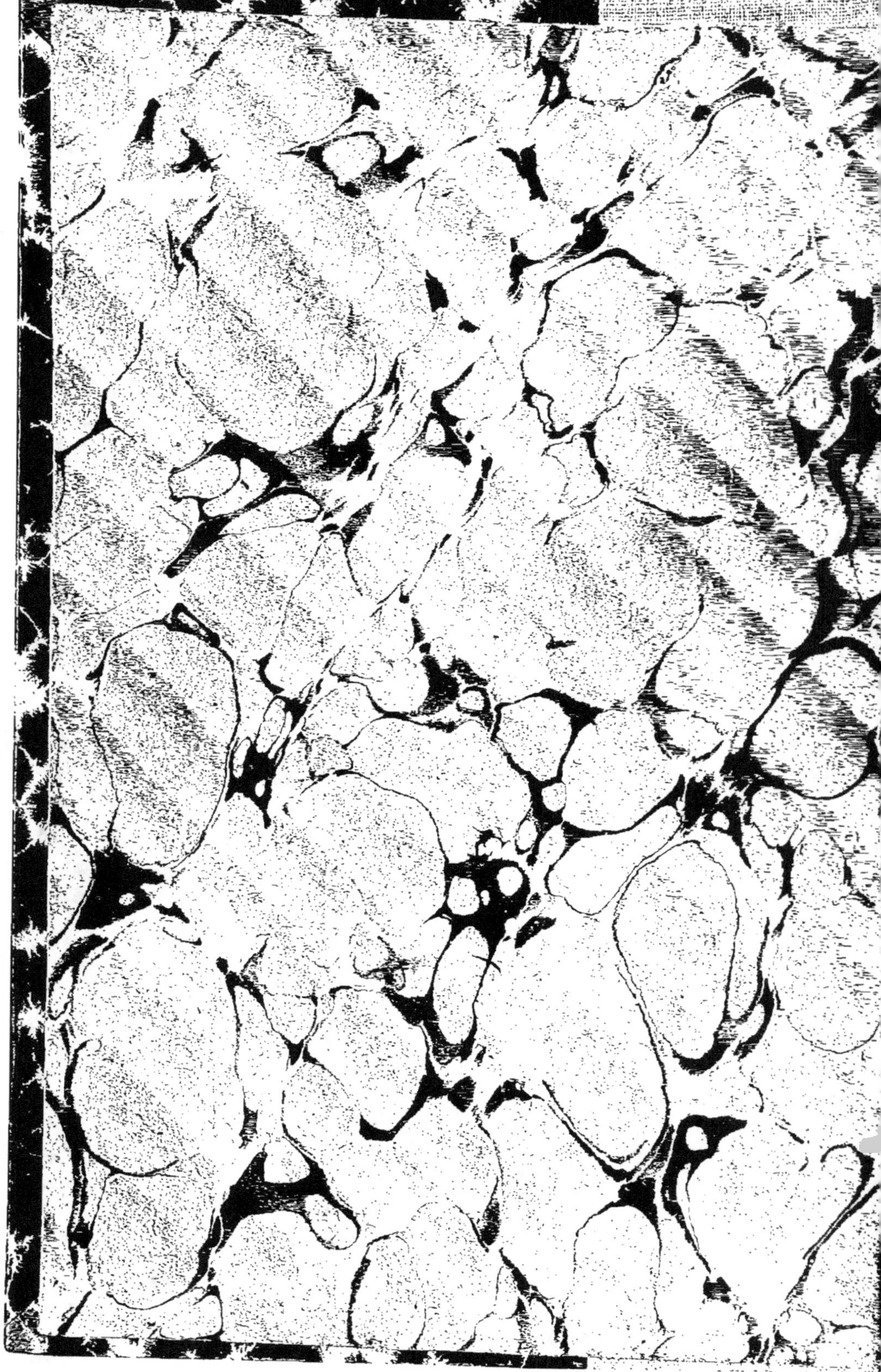

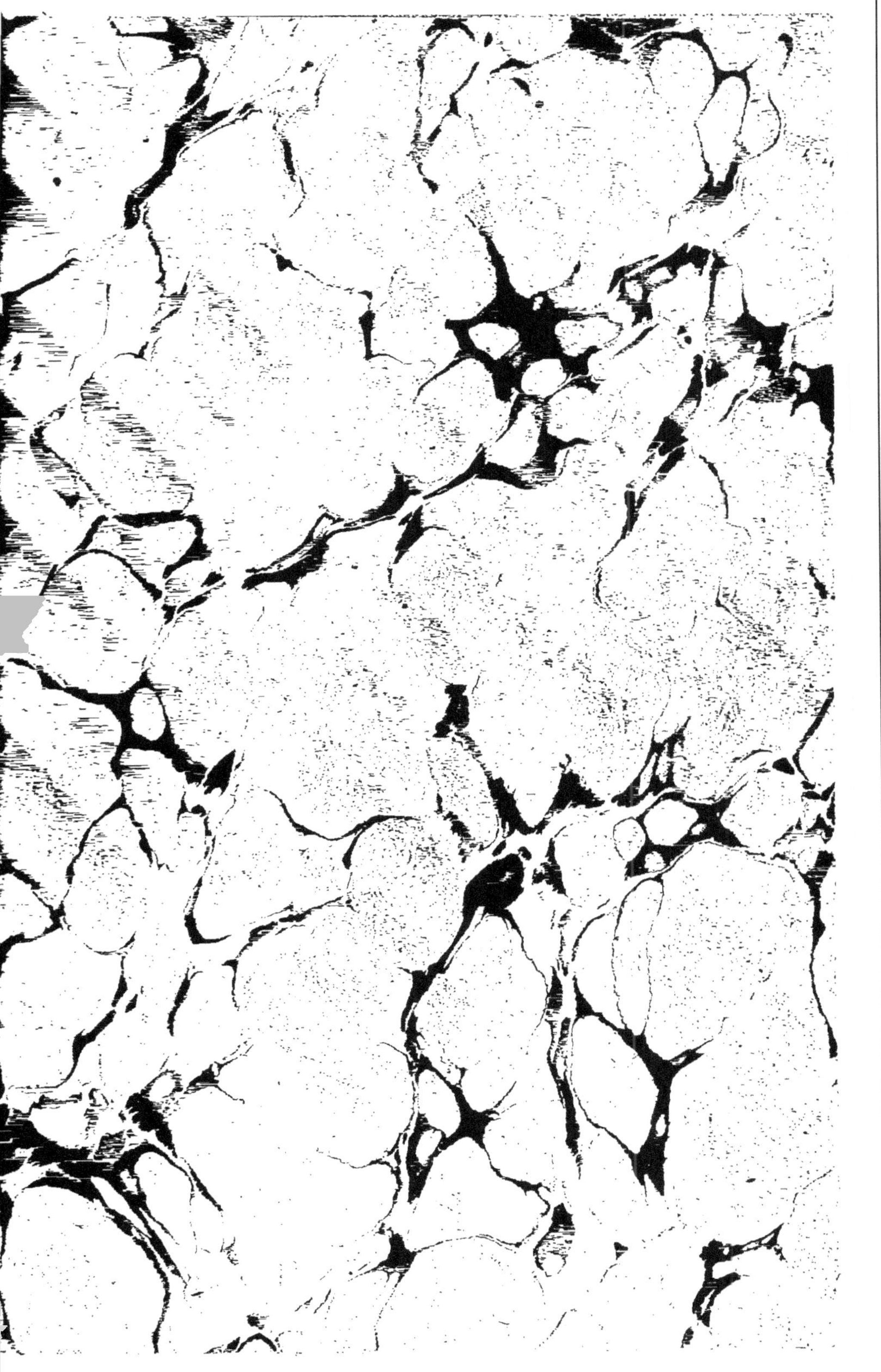

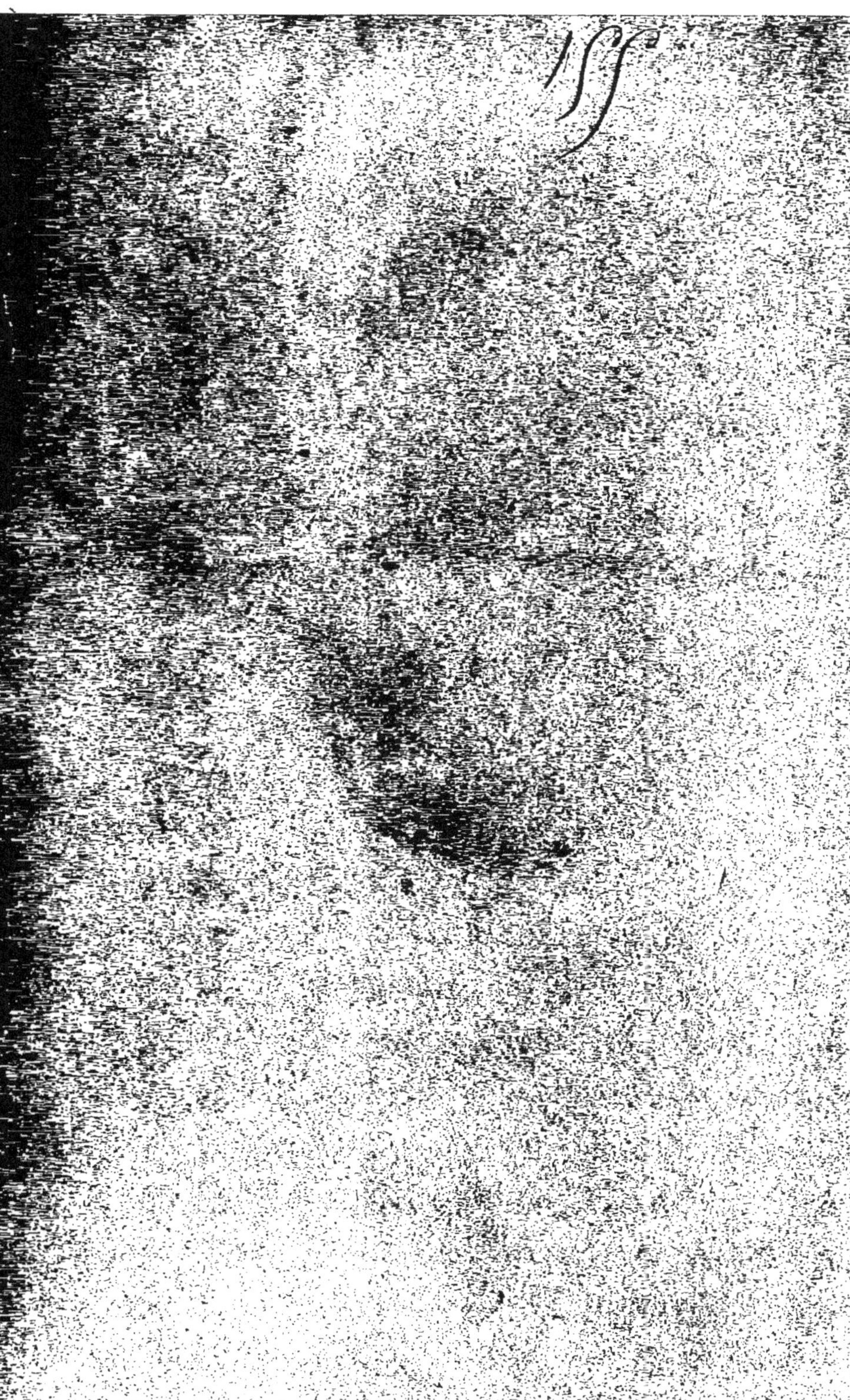

# SOUVENIRS

# DE VOYAGE

CLICHY. Impr. MAURICE LOIGNON, PAUL DUPONT et C<sup>ie</sup>,

Rue du Bac-d'Asnières, 12.

# SOUVENIRS

# DE VOYAGE

## UNE VISITE

## A QUELQUES CHAMPS DE BATAILLE

### DE LA VALLÉE DU RHIN

PARIS

E. DENTU, LIBRAIRE-ÉDITEUR

PALAIS-ROYAL, 17 ET 19, GALERIE D'ORLÉANS

—

1869

# AVANT-PROPOS.

La facilité avec laquelle on voyage aujourd'hui met à la portée de tout le monde une excursion sur les bords du Rhin. Chacun l'entreprend selon ses goûts particuliers, sa fantaisie, ou la direction qu'ont prise ses études. Les séductions du tapis vert attirent là le joueur avide d'émotions; le malade y cherche les sources bienfaisantes qui lui promettent la santé; l'artiste rencontre des sites pittoresques qui varient à chaque pas, tandis que le savant découvre les vestiges nombreux des temps écoulés. L'officier en congé y trouve le repos et l'amusement ; le poëte y vient puiser des inspirations nouvelles. Pour ma part, la vue de ce grand fleuve, qui partage en deux l'Europe occidentale, éveille surtout en moi les souvenirs militaires de la France, et retrace à mon imagination les scènes glorieuses dont ses rives furent si souvent le théâtre.

Ces souvenirs se pressent en foule à côté de ceux des autres grandes nations qui ont tour à tour tenu dans leurs mains les destinées de l'Europe. C'est que la vallée du Rhin, de ce fleuve des guerriers et des penseurs, selon l'expression de Victor Hugo, a une telle importance que sa possession semble assurer en quelque sorte la suprématie à la puissance qui en est complétement maîtresse. Quand Rome, ne se contentant plus de l'empire de la Méditerranée, aspira résolûment à celui du monde, elle prit le Rhin, et, quand elle le perdit, elle commença à décliner. C'est en traversant le Rhin que les barbares de la Germanie ont envahi l'empire au commencement du cinquième siècle. C'est du Rhin que descendit cette ligue franque qui devait conquérir la Gaule, se fondre avec ses habitants et former, par le mélange des races celte, latine et germanique, cette race française à laquelle nous sommes justement fiers d'appartenir. Clovis partit du Rhin; Charlemagne en fit le centre de son empire. Le Rhin a établi la puissance de la maison de Lorraine, la grandeur de Louis XIV ; il a décidé la victoire de la Révolution française sur l'Europe coalisée. Enfin ne pourrait-on pas ajouter qu'aujourd'hui encore la possession d'une partie considérable du Rhin a été et demeure, pour la suprématie en Allemagne, un des grands avantages de la maison de Hohenzollern sur celle de Hapsbourg ? Quelle que puisse être la solution du grave problème que l'année 1866 a posé et qu'il faut livrer aux méditations des philosophes, des hommes d'État, un passé plus reculé nous montre, depuis César, les plus illustres capitaines conduisant leurs armées vers les rives du Rhin, et le grand fleuve les a vus successivement conquérir ou perdre les positions, si recherchées et si disputées, qui sont voisines de son cours. « L'empereur Frédéric Barberousse, « l'empereur Rodolphe de Hapsbourg et le palatin Frédéric Iᵉʳ y ont été grands, victorieux et formidables. « Gustave-Adolphe y a commandé ses armées du haut de « la guérite de Caub. Louis XIV a vu le Rhin. *Enghien et « Condé l'ont passé.* Hélas ! Turenne aussi. Drusus y « a sa pierre, à Mayence, comme Marceau à Coblence, « et Hoche à Andernach (1). » Tout Français rencontre

---

(1) Victor Hugo, *Le Rhin*, tome I.

donc, à chaque pas, sur ce sol étranger, l'image de la patrie, et les glorieux souvenirs de nos aînés :

> Nous y trouverons leur poussière
> Et la trace de leur vertu !

Je n'ai pas la prétention d'entreprendre une histoire militaire des bords du Rhin : les grands combats qu'ils ont vus ont été dignement racontés et ont pris place dans nos annales. D'ailleurs, dans une telle histoire, il faudrait nécessairement suivre un ordre chronologique, et, au lieu de visiter successivement les terrains sur lesquels les événements se sont passés, revenir souvent sur ses pas, et se transporter, à chaque instant, d'une extrémité du Rhin à l'autre. J'ai seulement voulu, en parcourant des contrées si importantes pour la stratégie de notre pays, aux deux points de vue de la défensive et de l'offensive, m'arrêter aux principaux champs de bataille que je rencontrais sur ma route, et esquisser à grands traits quelques-unes des opérations militaires exécutées sur ces rives. Je n'ai suivi, dans cette étude, d'autre ordre que celui de mon voyage le long du cours du fleuve.

Les limites des États qui bordent le Rhin divisent

naturellement ses rives en quatre parties. Le grand arc
de cercle que décrit le fleuve depuis ses sources
jusqu'à Bâle enveloppe des positions importantes,
rendues heureusement inutiles par la neutralité de la
Suisse, et parmi lesquelles la plus remarquable est
celle de la chaîne de l'Albis. En suivant ce premier
parcours du Rhin, on laisse à sa droite les contre-forts
des Montagnes-Noires, et l'on passe tout près des
champs de bataille d'Engen et de Stokach. La
portion du cours du fleuve qui sert de frontière à la
France forme la seconde partie du voyage : là,
sur la rive droite, on trouve devant Huningue,
Brisach et Kehl, trois petites plaines souvent traversées par nos armées. Les environs de Kehl offrent un
intérêt tout spécial ; car ils ont été illustrés par deux
campagnes célèbres (1675 et 1796), et il est curieux
d'y étudier comment, à des époques bien différentes, deux grands capitaines firent manœuvrer leurs
armées sur ce même terrain. Entre l'embouchure de
la Lauter et Wesel, dans ce long parcours durant
lequel le Rhin n'arrose que des rives allemandes, on
est assailli par la multiplicité des souvenirs, et on se
trouve embarrassé de désigner les positions les plus

importantes : on doit pourtant citer, en premier lieu, ces places fortes qui, postées sur les deux rives du fleuve, gardaient ou gardent aujourd'hui son cours, Philippsbourg et Landau, Rastadt et Germersheim ; en second lieu, remarquer les embouchures des grandes rivières tributaires du Rhin, dont les confluents ont toujours donné une importance considérable à Mayence et à Coblence ; enfin, indiquer les points où les armées ont pu trouver le plus de facilités pour traverser le Rhin : tels sont Bacharach, Neuwied et les environs de Dusseldorf. Si l'on suit les eaux du Rhin jusqu'en Hollande, on les verra se diviser, et, quoique le fleuve, à cette distance de notre patrie, n'ait plus pour elle le même intérêt, les rives de ses divers bras ont cependant été témoins de campagnes glorieuses pour nos armées, principalement en 1672 et en 1794.

Les guerres de la vallée du Rhin, celles surtout du temps de la Révolution, qui, moins éloignées de notre époque, doivent principalement attirer notre attention, ne nous offriront peut-être pas des souvenirs aussi brillants que ceux des merveilleuses campagnes d'Italie, des rapides succès de nos armes contre les légions prussiennes, des grandes batailles des plaines de l'Autriche, ou des sanglantes hécatombes des champs de la Saxe ; mais on y lira des noms impérissables, tels que ceux de Kléber, de Marceau, de Hoche, de Desaix, de Moreau, de Masséna. Si leurs victoires sont moins éclatantes que celles de leurs frères d'Italie, si au delà du Rhin les succès de nos soldats sont plus lents qu'au delà des Alpes, souvenons-nous, en revanche, que ces guerriers, enflammés des sentiments patriotiques les plus purs, n'ambitionnaient, pour unique récompense de leurs travaux, que la gloire, et non les richesses. Les armées du Rhin défendaient noblement le sol de la patrie : nous leur devons notre indépendance. C'est à elles qu'il nous faut demander des exemples, si, nous inspirant des héros de la grande époque, nous voulons être de braves soldats, de bons citoyens, et des serviteurs désintéressés de la France et de la liberté.

Ham, Janvier 1860

# I

## LE RHIN DEPUIS SES SOURCES JUSQU'A BALE.
## ZURICH. ENGEN.

# I



La Suisse est neutre, et l'étude des positions militaires que peut renfermer ce pays n'a plus qu'un intérêt historique ; mais les excursions sur ses belles montagnes et dans ses riantes vallées offrent des plaisirs si variés, elles sont aujourd'hui si faciles et la nature s'y présente sous de si grands aspects, qu'il est difficile de ne pas s'y arrêter. Le voyageur qui, voulant partir de la crête des Alpes, de la ligne de partage des eaux de l'Océan et de la Méditerranée, désirait suivre le Rhin depuis ses sources, devait, il y a encore quelques années, se résoudre à cheminer à pied, et s'armant de l'*alpenstock* classique, parcourir des sentiers à peine tracés. Maintenant que la Confédération a terminé la belle route du centre des Alpes, on peut visiter en voiture presque toutes les hautes vallées du Rhin et suivre son cours depuis ses sources jusqu'à Bâle. Cette grande courbe est une des principales lignes de défense de la Suisse : au centre de l'arc de cercle on trouve la position de l'Albis, qui défend tout le pays environnant, et que Masséna rendit fameuse en 1799 ; à l'extérieur du même arc de cercle, les villages d'Engen et de Stokach, qui gardent la route du Rhin au Danube. Ce sont là, des deux côtés du Rhin, les deux points qui de prime abord attirent le plus notre attention ; mais si l'on veut suivre le cours même du fleuve, soit dans les gorges étroites des Grisons, soit au pied des montagnes du Vorarlberg, soit au travers du lac de Constance, soit au-dessous de la cataracte de Laufen, combien de souvenirs ne viennent pas assaillir celui qui, passionné pour la gloire de son pays, va rechercher dans les annales de nos guerres les noms de tous les champs de bataille que le Rhin traverse!

Comment, en descendant les lacets de la route de l'Ober-Alp, ne pas se rappeler que ces pentes d'une rapidité effrayante qui entourent les sommets du Tœdi, et qui semblent écraser la vallée, furent traversées par l'armée de Souwarov, quand, repoussée de toutes parts, elle fut forcée de se retirer au milieu de la neige et des rochers, afin de venir rallier ses débris dans les Grisons? Encore un relai à partir d'Ilanz, et l'on va visiter l'endroit où les deux Rhins se réunissent en baignant les murs de l'ancien château de Reichenau. On traverse Coire, et, tandis que les touristes vont généralement de Ragatz visiter les bains de Pfœffers, on peut aller reconnaître, près du petit village de Flasch, l'endroit où le général Jourdan força le passage du Rhin en 1799 (1). Au-dessus du village s'avance une sorte de promontoire : c'est le Flaschberg, qui force le Rhin à décrire un coude vers Sarganz, et qui forme la position la plus importante de ces environs. Elle était surmontée par le fort du Luciensteig, qui commandait non-seulement toute cette portion de la vallée

_________

(1) Le 17 juillet.

du Rhin, mais encore la seule route qui, se trouvant sur la rive droite du fleuve, mène à Feldkirch et dans le Tyrol. Aussi de tout temps le Luciensteig a-t-il été le théâtre d'engagements acharnés, et il fut plusieurs fois pris, perdu et repris par nos troupes, durant les campagnes de 1799 et de 1800. A partir du Flaschberg, le Rhin devient moins torrentueux et son lit est plus régulier : il entre dans la vallée connue plus particulièrement sous le nom de Rheinthal et il sert de limite à l'Autriche et à la Suisse. Sur sa rive droite, un peu après le confluent de l'Ill, on découvre le clocher du village de Hohenembs, célèbre par le combat que le général Molitor y livra aux débuts de sa belle carrière. Si, après avoir traversé le lac de Constance, le plus grand de la Suisse, le moins alpestre il est vrai, mais peut-être le plus riant de tous ceux qui sont sur le revers nord des montagnes, on continue à suivre le cours du Rhin, on passe à Stein, à Diessenhofen et à Büssingen, théâtres des dernières défaites de Korsakov (1799), et, en arrivant à Schaffhouse, on aperçoit des traces des combats soutenus par le général Jourdan : quelques boulets sont encore restés dans le mur d'une maison, avec cette simple inscription : « 13 avril 1799. » De Schaffhouse, on entend déjà le bruit de la chute du Rhin ; mais là, c'est le point de vue pittoresque seul qui attire le voyageur. Le fleuve est ensuite encaissé dans de hautes berges ; il reçoit successivement les eaux de la Thur, de la Tœss, et de l'Aar, et il passe sous les ponts d'Eglisau et de Rheinfelden, nom bien connu par la victoire du maréchal de Créqui. Enfin l'on arrive à Bâle, dont la position, si remarquable par la coïncidence du coude du Rhin et de l'ouverture des montagnes qui bordent l'est de la France, a généralement été défendue par l'occupation des hauteurs de Lorrach, sur le revers sud-ouest de la Forêt-Noire.

Si nous n'avons pas rappelé tous les engagements qui ont eu lieu sur ce long parcours, ceux que nous avons mentionnés attestent assez que les bords du Rhin sont riches en glorieux souvenirs. Mais ce n'est pas sur ses rives mêmes que se sont passées les actions les plus remarquables, celles qui ont décidé du sort des campagnes. C'est au centre de la demi-circonférence décrite par le fleuve qu'il faut chercher la clef de toutes les positions environnantes. En visitant le joli lac de Zurich et les bords de la

Limmat, nous serons conduits à ce poste important ; nous nous trouverons sur le terrain d'une grande victoire et d'une campagne qui, mieux que toute autre, montre le parti qui a pu être tiré, pour la défensive, du cours du Rhin et des lignes de ses affluents.

C'était au milieu de l'année 1799 : la République française n'avait peut-être jamais été dans une situation aussi critique. A l'intérieur, le gouvernement était faible, irrésolu, déconsidéré ; la République, par ses excès, avait perdu son prestige, et l'enthousiasme qu'elle excitait à ses débuts s'était considérablement refroidi ; et pourtant le pays n'était encore ni assez fatigué, ni assez abattu moralement pour accepter le despotisme. A l'extérieur, la situation était peut-être pire : la seconde coalition venait de se former et nos ennemis, plus nombreux qu'en 92, avaient débuté par des succès ; l'élite de l'armée française et ses meilleurs généraux étaient en Égypte ; Jourdan, battu à Stokach, s'était replié sur la Forêt-Noire, et l'Italie était presque entièrement perdue pour nous ; enfin les armées russes allaient entrer en ligne, et elles profitaient de notre apparente faiblesse pour hâter leur marche. Le seul endroit où nous eussions encore une position avancée était la Suisse, dont la neutralité n'avait pas été respectée au milieu de l'universelle conflagration de l'Europe : elle était occupée par l'armée du Danube, dont le commandement, ôté à Jourdan, venait d'être donné à Masséna. Au commencement de mai, cette armée couvrait presque tout le pays : depuis le cours de l'Adda, sa ligne passait par l'Engadine et la vallée du Rhin, longeait le bord du lac de Constance, la rive gauche du Rhin, et se terminait à Lorrach en avant de la tête du pont de Bâle Environ six divisions d'infanterie étaient répandues sur ce vaste terrain. L'armée n'était pas nombreuse, mais aguerrie et confiante dans son chef; parmi ses généraux elle comptait, Lecourbe, Maison, Soult, Mortier, Molitor, Oudinot, Gudin, et *le brave des braves*, celui qui devait être plus tard l'infortuné maréchal Ney.

Cette partie de la Suisse, comme enveloppée par le grand détour que décrit le Rhin, est sillonnée de rivières, presque toutes parallèles, formant avec les montagnes qui les séparent autant de lignes de défense naturelles. Parmi ces cours d'eau, les deux principaux sont la Reuss et la Linth, qui prennent leur source dans ce même massif du Saint-Gothard, d'où sort aussi le Rhin : la Linth arrose Glarus, se perd dans le lac de Zurich et en sort sous le nom de Limmat ; la Reuss traverse le lac de Lucerne : toutes deux se jettent presque au même endroit (1) dans l'Aar, le principal affluent suisse du Rhin. Mais avant de recevoir l'Aar à Waldshut, le Rhin a déjà reçu les eaux de la Thur, de la Tœss, et de la Glatt. Ces rivières, moins considérables que les deux autres, parcourent des terrains moins accidentés et mieux adaptés aux mouvements des armées. Quand l'armée autrichienne prit l'offensive, vers la mi-mai, Masséna, dont les lignes étaient trop étendues, comprit qu'il devait concentrer ses forces. Il retira donc son centre et sa gauche, s'arrêtant successivement derrière chacune des rivières que nous venons de nommer, pour retarder les progrès de l'ennemi. Après avoir traversé la Glatt, la gauche, sous Oudinot et Soult, résista, malgré son infériorité numérique (2),

---

(1) A Brugg.

(2) Vingt-quatre bataillons et douze escadrons, contre cinquante-quatre bataillons et soixante-sept escadrons. C'était le 4 juin.

aux attaques des Autrichiens. Après le combat du Zurichberg, l'armée française arriva aux dernières positions choisies pour la défensive : la droite s'était retirée du sommet des montagnes et défendait le lac de Lucerne, elle se reliait avec le centre par les vallées qui débouchent sur le lac de Wallenstadt et par le haut du cours de la Linth : c'était la partie la plus avancée de notre ligne. Le centre longeait le cours de la Sihl, rivière parallèle au lac de Zurich, et couronnait les hauteurs qui, sous le nom d'Utliberg et de Mont-Albis, forment une longue arête au sud du lac et se prolongent sur la rive gauche de la Limmat, qu'elles séparent de la Reuss. La gauche gardait le bas du cours de la Limmat, de l'Aar et du Rhin jusqu'à Bâle. Le nœud de cette nouvelle position était à l'Albis et principalement au-dessus du village d'Albisrieden, près duquel la ligne française descendait vers la Limmat ; ce fut aussi de ce côté que se dirigèrent les principales attaques de l'archiduc Charles. Rien ne put ébranler la fermeté des Républicains. Un seul jour, le 9 juin, les colonnes autrichiennes parviennent à occuper le village ; mais Soult s'élance à la tête de la 106ᵉ demi-brigade ; par son exemple il enflamme ses soldats, presque tous jeunes conscrits ; il tombe sur le flanc de l'ennemi, lui fait un grand nombre de prisonniers et reprend Albisrieden, dont la possession ne devait plus nous être disputée.

Cette position n'était que défensive, et pour pouvoir agir il fallait l'étendre. Ce fut dans ce dessein, et aussi afin d'attirer l'attention de l'archiduc sur notre droite, que Masséna fit reprendre à cette aile toute la vallée de la Reuss et les principaux passages des Alpes (août). Dans une série de combats heureux et de marches hardies, qui ne durèrent pas moins de trois jours, Lecourbe fit attaquer d'abord la Grimsel, puis la Furca, par le général Gudin ; la passe de Susten et le fort de Mayen, au-dessus de Wasen, par le général Loyson ; Brunnen et Altorf par son centre, qu'il commandait en personne ; enfin Schwytz et l'entrée du Muotta-Thal par le général Boivin. Il réussit ainsi, après des efforts inouïs, et que l'on ne peut guère apprécier si l'on ne voit de près les sentiers affreux suivis par nos braves colonnes, à rejeter la gauche de l'ennemi dans les vallées du haut Rhin et de la Linth, partie par Dissentis, partie par le Schæchenthal et la Klausen, partie enfin par le Muotta-Thal. Maître de tous ces passages qui se croisent auprès du Saint-Gothard, maître du cours de la Reuss, de toutes les issues du lac de Lucerne et de la vallée de la haute Sihl, il ne craignait plus, ni de voir son extrême droite débordée, ni d'être coupé du reste de l'armée, sur le cours de la basse Sihl. En même temps, la division Chabran, s'avançant vers Zug, avait balayé toute la rive sud du lac de Zurich, et était venue donner la main à la gauche de Lecourbe.

De son côté, l'archiduc avait presque au même moment repris l'offensive. Ne pouvant atteindre les positions de Lecourbe, et ayant été déjà repoussé par notre centre, il voulait passer entre notre gauche et le Rhin, afin de tourner la position de l'Albis par le nord-ouest: de la sorte, suivant la rive gauche du Rhin, et ne s'engageant pas dans les montagnes, il espérait couper les communications de l'armée française avec Bâle et avec l'armée du Rhin. Si ce plan avait réussi, Masséna aurait été probablement dans la nécessité d'abandonner ses lignes et de prendre des positions bien moins avantageuses dans le Jura. Le seul obstacle réel que les Autrichiens eussent à rencontrer était le cours de l'Aar, qu'il leur fallait traverser en présence des avant-postes français : ceux-ci n'étaient pas nombreux ; mais l'Aar, grossie par les eaux de la Reuss et de la Limmat, est une rivière grande, profonde et rapide, presque plus importante que le Rhin lui-même. L'archiduc avait choisi pour point de passage le coude que forme la rivière près de Dœttingen (1). Cette courbe lui permettait de placer son artillerie de manière à concentrer ses feux sur les points où il voulait établir ses têtes de pont. Quarante mille hommes étaient réunis pour cette opération, qui commença le 17 août, au point du jour. Le travail de la construction des deux ponts était favorisé par un épais brouillard, et protégé par le tir de quarante-huit bouches à feu, qui avaient réduit en flammes le hameau de Klein-Dœttingen. Par suite de la difficulté d'assujettir les ancres des pontons, le premier pont n'était qu'à moitié fait, et le second était à peine commencé, lorsque le temps s'éclaircit vers les neuf heures. Ney, accouru de Nieder-Frick, et Heudelet de Brugg, avaient, à eux deux, rassemblé une douzaine de mille hommes sur le plateau de Boetzheim derrière Klein-Dœttingen.

---

(1) Village situé sur la rive droite de l'Aar, à environ six kilomètres en amont de Waldshut. Le hameau de Klein-Dœttingen est situé sur la rive gauche, dans l'intérieur de la courbe.

Quoiqu'ils attendissent encore des réserves, ils engagèrent immédiatement le combat avec l'avant-garde ennemie. L'archiduc, se voyant découvert, pensa, non sans raison, que l'entreprise était manquée : il songea donc à la retraite, et, pour éviter des pertes inutiles aux deux partis, il fit un compromis d'après lequel il put retirer ses pontons, à la condition que sa puissante artillerie cesserait son feu, qui faisait beaucoup souffrir l'infanterie française.

Ainsi, malgré ses nombreuses tentatives, l'archiduc n'avait pu réussir à entamer nos positions. Mais cette ligne de la Reuss, de la Sihl et de la Limmat offrait à Masséna d'autres avantages que ceux de la défensive : pour reprendre l'offensive, il attendait seulement un moment favorable. Le Directoire avait beau le presser, il savait trop bien que son armée était la dernière réserve de la France, pour l'exposer à un revers. L'occasion désirée se présenta un mois plus tard. L'archiduc Charles venait de quitter la Suisse pour marcher contre l'armée du Rhin, et les Russes de Korsakov avaient occupé ses lignes. Dans quelques jours, ceux-ci allaient être renforcés par les soldats que Souwarov amenait victorieux des plaines de l'Italie.

En saisissant le moment précis entre le départ de l'archiduc et l'arrivée de Souwarov, Masséna se trouvait en présence d'un ennemi égal en nombre aux forces dont il pouvait lui-même disposer. Il résolut de mettre l'occasion à profit.

Le point qu'il avait choisi pour passer la Limmat et pour faire sa principale attaque sur les lignes ennemies était près du petit village de Diettikon (1), situé au pied des montagnes, non loin de l'Albis, et à mi-chemin environ entre Zurich et Baden, à un endroit où la rivière décrit un coude. Diettikon avait encore l'avantage de se trouver au débouché de la route de Bremgarten, par laquelle il fallait amener l'équipage de pont; enfin les hauteurs qui dominent Schlieren (2), et qui s'étendent à l'est de ce village, offraient une bonne position défensive, et permettaient, avec un nombre d'hommes relativement peu considérable, de repousser toute entreprise tentée par les Russes sur la rive gauche pour nous prendre à dos et de flanc. Masséna, depuis quelques jours, avait concentré ses troupes,

---

(1) Aujourd'hui une station du chemin de fer.

(2) Schlieren est entre Zurich et Diettikon, à sept kilomètres du premier et à quatre du second.

autant qu'il pouvait le faire sans donner l'éveil à l'ennemi, tout en gardant convenablement la grande étendue de son front. La réserve du général Klein était arrivée ; la division Lorges et une partie de celle de Mesnard devaient exécuter le passage ; la division Mortier avait l'ordre d'attaquer par Wollishofen, sur la rive sud du lac, le camp russe établi devant Zurich ; la division Soult devait tenter le passage de la haute Linth (à l'autre extrémité du lac), pour opérer une diversion importante; enfin, à notre extrême gauche, Mesnard, avec le reste de sa division, avait à faire d'abord une démonstration du côté de Baden, puis à rejoindre la division Lorges.

Dans la nuit du 24 au 25 septembre, les bateaux, qui, les nuits précédentes, avaient été amenés derrière le village de Diettikon, furent portés à bras au bord de l'eau, à l'endroit où la Limmat commence à décrire un coude : ce point se reconnaît encore aujourd'hui et se trouve à environ une centaine de mètres au-dessus d'un moulin. Le signal étant donné aux premières lueurs du crépuscule, les bateaux sont mis à flot, et les compagnies d'avant-garde s'élancent aux cris répétés de : « En avant! en avant! » Le mouvement fut exécuté avec une telle précision, que, quelques minutes seulement après que les postes russes eurent ouvert leur feu, il ne restait plus une seule barque sur la rive gauche. L'équipage de pont arrive au trot. Notre artillerie, placée sur un plateau au-dessus du point du passage, répond à l'ennemi ; ses avant-postes sont repoussés ; le combat s'engage plus sérieusement, surtout dans le bois couvrant le monticule derrière lequel se trouve le camp russe de Weiningen ; le pont est établi, et avant 8 heures, le passage est assuré même pour l'artillerie et la cavalerie Deux bataillons descendent alors jusqu'à Odweil, et, après un combat assez opiniâtre, le camp de Weiningen est emporté. Nous étions donc maîtres, non-seulement du passage, mais encore de la vallée jusqu'aux hauteurs qui s'élèvent en cet endroit à une certaine distance de la rive droite de la Limmat : le succès de la première opération était assuré, et la bataille ne tarda pas à devenir générale.

Tandis que l'artillerie française, soutenue par la division Klein, canonnait des environs d'Altstædten le corps russe sorti dans la plaine de Zurich, et que Mortier soutenait sur la Sihl un combat inégal contre les principales forces de l'ennemi, notre gauche enlevait successivement toutes les collines qui bordent le nord de la Limmat. Le village de Hœngg, situé au sommet du coude décrit par ces collines, fut surtout longtemps disputé : il finit par nous rester. Le soir, non-seulement nos colonnes étaient au nord de Zurich, mais elles occupaient même le Zurichberg (1) et la route de Winterthur, coupant ainsi les communications des troupes ennemies demeurées dans Zurich. Notre position avait ses dangers, puisque nous étions sur une rivière et entourés d'ennemis presque de tous côtés ; mais elle nous donnait sur l'armée russe de tels avantages que nous devions nous attacher à la conserver à tout prix. Du reste, pour protéger la retraite en cas d'accident, Masséna venait de faire rapidement construire une tête de pont, dont on aperçoit encore le tracé dans le taillis qui borde la rivière.

Dans la nuit, Korsakov s'efforça de concentrer ses troupes, ramenant par un grand détour les bataillons qu'il avait laissés sur la basse Limmat et sur l'Aar. Il

----

(1) Montagne de Zurich, appelée aussi Geisberg.

attaqua l'armée républicaine le 26 au point du jour, et la bataille, dont tous les détails sont si intéressants à suivre dans les Mémoires de Masséna (1), dura toute la journée. Le point le plus important était la route de Winterthur ; plusieurs fois elle nous fut enlevée ; nous la reprenions aussitôt, et avant la fin du jour la victoire nous était assurée. Zurich, d'où débouchaient à chaque instant les colonnes russes, essayant de s'ouvrir un chemin au travers du cercle de feu formé par l'armée française, était le principal centre de la bataille. Bientôt la ville elle-même fut le théâtre des combats les plus acharnés : vers midi deux colonnes républicaines y entraient. Celle que dirigeait Oudinot approchait par la rive droite, et enfonçait les portes à coups de canon : de ce côté la lutte se prolongea longtemps et fut très-vive dans les rues. L'autre colonne, sous le général Klein, arriva quelques instants plus tard par la rive gauche. Le soir les corps russes, complétement désorganisés, se retirèrent vers la vallée de la Thur, d'où ils ne tardèrent pas à gagner la ligne du Rhin.

---

(1) Rédigés par le général Koch.

Les circonstances dans lesquelles se trouvait l'armée française ne permirent pas à Masséna de poursuivre sa victoire : il dut se contenter d'envoyer deux divisions sur les traces de Korsakov et se porta avec le reste de l'armée au-devant de Souwarov, dont l'arrivée avait empêché notre droite de participer aux mouvements du centre et de la gauche. Sout avait bien réussi dans son mouvement offensif : ses intrépides soldats, traversant la Linth à la nage, avaient dispersé le corps de Hotze, et refoulé celui de Jellachich dans la vallée du Rhin sur Sarganz. Mais Lecourbe, à l'approche de Souwarov, avait été contraint d'abandonner les positions conquises quelques jours auparavant. Descendant du Saint-Gothard par la vallée de la Reuss et suivant les passes qui séparent le lac de Lucerne des Grisons, l'armée russe s'était avancée sur Schwytz. Sans se laisser décourager ni par les nombreuses difficultés qu'il venait de rencontrer dans sa marche, ni même par la nouvelle de la défaite de Korsakov, Souwarov forma le plan de passer entre les lacs de Zurich et de Wallenstadt pour rallier les débris du corps de Hotze et celui de Jellachich, et de rejoindre Korsakov dans les plaines de la Thurgovie. Il tombait ainsi sur les derrières de Soult, et il espérait, grâce à la supériorité numérique de ses soldats, forcer le passage et enlever à l'armée française les fruits de la victoire de Zurich.

Mais Masséna ne lui en donna pas le temps : les divisions Mortier et Gazan (1) s'étaient rapidement portées à sa rencontre. Le mouvement des Russes fut arrêté par une série de combats glorieux, livrés pendant deux jours, principalement par Mortier, dans les gorges étroites du Muotta-Thal, et par la brigade Molitor à la sortie de la vallée de la haute Linth près de Nœfels (2). Les colonnes ennemies, déjà fatiguées par de longues marches dans les montagnes, furent tellement ébranlées que Souwarov, malgré l'avantage du nombre, n'osa même pas les conduire sur le terrain comparativement ouvert des environs d'Einsiedeln. Divisant son armée, il lui fit traverser en plusieurs détachements les affreux passages qui bordent les Gri-

---

(1) Ancienne division Soult.

(2) Nœfels avait déjà été le théâtre d'un engagement célèbre. Le 13 avril 1388, le capitaine Am-Buel, défendant sa patrie avec cinq cents Suisses, mit en déroute les six mille Autrichiens du comte Pierre de Torberg.

sons, et il se retira sur Ilans et sur Coire. De Sarganz, Jellachich remonta également vers cette dernière ville. Notre droite occupa de nouveau ses anciennes positions. Quelque temps après, deux colonnes françaises entrèrent à leur tour dans les Grisons, et décidèrent la retraite définitive de Souwarov, qui, traversant le Vorarlberg, alla refaire son armée en Souabe avant de la ramener en Russie.

On peut dire, sans exagération, que ces journées de combats, connues généralement sous le simple nom de bataille de Zurich, sauvèrent la France, qui s'était rarement trouvée dans une situation aussi périlleuse. A ce moment les Anglais venaient de débarquer au Helder, la faible armée du général Muller repassait sur la rive gauche du Rhin, l'archiduc Charles dégageait Philippsbourg et enlevait Manheim ; en Italie, Mantoue était perdue et l'armée française ramenée jusqu'aux Apennins ; deux puissantes armées russes envahissaient la Suisse, et, si la bataille de Zurich avait été retardée seulement de deux ou trois jours, si la victoire n'avait pas été complète et les armées russes séparées par les succès de Soult, si ensuite Souwarov n'avait pas été arrêté et rejeté dans les Grisons, la jonction de ces deux armées eût certainement fait perdre à Masséna la position des montagnes, la seule qu'il pût tenir avec avantage contre un ennemi fort de sa supérioritié numérique. Le succès remporté par l'armée française venait d'arrêter le grand effort de cette seconde coalition. Enfin cette campagne mémorable, en nous assurant la possession de la Suisse, permit, un an après, au premier Consul d'étonner le monde par le passage du Saint-Bernard et par la victoire de Marengo, en même temps qu'elle donna à Moreau la possibilité de déboucher par Bâle et Schaffhouse pour vaincre à Engen, Mosskirch et Hohenlinden.

Si la rive gauche de la partie supérieure du bassin du Rhin a été, comme nous venons de le voir, illustrée par de glorieux faits d'armes, la rive droite n'a pas été le théâtre de moins grandes actions. En regardant un instant le cours du Rhin de Constance à Kehl, on reconnaît que le fleuve décrit un autre grand coude en sens inverse de celui qui enveloppe une portion de la Suisse. Ce sont les ramifications de la chaîne de la Forêt-Noire qui se trouvent dans cette nouvelle courbe, et les dernières pentes de ces montagnes bordent le Rhin de Constance à Bâle.

La facilité de traverser le fleuve durant ce parcours rend cette vallée une des principales routes pour arriver au bassin du Danube. Bien des armées l'ont suivie, aucune ne l'a fait d'une manière aussi brillante que celle que commandait Moreau en 1800. Le terrain qu'il avait à parcourir, déjà tristement célèbre par la malheureuse campagne de Jourdan au printemps de 1799, n'est pas coupé de rivières aussi importantes, d'obstacles aussi régulièrement définis, que celui que nous venons de quitter. Au milieu on ne trouve pas de positions aussi remarquables que celles du Zurichberg et du Mont-Albis. La petite plaine de Donaueschingen et les hauteurs qui l'environnent peuvent être considérées comme le centre de ce nouvel arc de cercle décrit par le Rhin. Mais cette position, qu'occupaient les Autrichiens en 1800, n'est pas très-susceptible de défense, et par les bords du lac de Constance il est aisé de la tourner. Du reste non-seulement le théâtre de la guerre se trouvait alors transporté sur un terrain favorable pour notre offensive, mais encore, à bien d'autres points de vue, l'année 1800 commençait pour les armées françaises sous de meilleurs auspices que l'année précédente.

L'hiver avait été employé à refaire nos troupes : renforcées, réorganisées et mieux payées, elles étaient pleines d'ardeur. Masséna, auquel on venait de confier les débris de l'armée d'Italie, se maintenait dans Gênes, et le premier Consul formait près de Dijon cette fameuse armée de réserve qui devait accomplir de si grandes choses. Enfin les deux armées du Rhin et du Danube, fondues en une seule, avaient Moreau à leur tête. Sa ligne, fort étendue, suivait à peu près le cours du Rhin et formait presque les deux côtés d'un angle droit. Lecourbe, avec la droite, était toujours resté en Suisse, gardant la rive gauche du fleuve, depuis le Rheinthal jusqu'au confluent de l'Aar ; le centre était massé derrière Bâle et Huningue ; Saint-Cyr, avec la gauche, campait aux environs de Brisach ; enfin une division d'extrême gauche, détachée sous les ordres de Sainte-Suzanne, gardait Kehl, Strasbourg et les pays adjacents. L'ennemi que Moreau allait combattre était bien moins redoutable que dans la campagne précédente. Les Autrichiens n'avaient guère songé à combler le vide causé par la retraite des armées russes, et ils venaient d'ôter le commandement à l'archiduc Charles, pour le donner au général Kray.

Leur armée, à peu près égale en nombre à la nôtre (1), avait un corps détaché dans les Grisons sous le prince de Reuss ; quinze mille hommes environ dans un camp retranché près d'Offenbourg, observant le débouché de Kehl ; mais son quartier général, ses approvisionnements et ses principales forces se trouvaient aux environs de la source du Danube, près de Donaueschingen. De là, couvertes par les montagnes de la Forêt-Noire, elles pouvaient déboucher à l'improviste sur l'une ou l'autre de nos ailes ; elles étaient au centre d'un vaste arc de cercle que décrivaient les lignes françaises. Cette position, certainement très-avantageuse sous certains rapports, et surtout favorable comme point de départ d'une vigoureuse offensive, ne l'était pas pour la défensive : l'événement ne tarda pas à le prouver. Ainsi, en 1800, les dispositions des Autrichiens étaient bien moins bonnes qu'au printemps de 1799, et d'un autre côté on peut dire que non-seulement cette fois les forces françaises étaient plus considérables, mais aussi que

---

(1) Les deux armées étaient à peu près de quatre - vingt-dix à quatre-vingt-seize mille hommes chacune.

le plan de Moreau était mieux conçu que celui de Jourdan. Il consistait simplement à attirer par des feintes l'attention de l'ennemi du côté d'Offenbourg, puis à faire avancer le centre par Bâle, le long de la rive droite du Rhin, tandis que Lecourbe, passant ce fleuve, menacerait de couper Donaueschingen, et par suite ferait abandonner cette position.

Ce plan fut exécuté de point en point : Sainte-Suzanne traversa le Rhin à Kehl, et s'avança sur Offenbourg ; Saint-Cyr passa à Brisach et se dirigea vers le même objectif ; puis tout à coup Sainte-Suzanne repassa brusquement le fleuve, remonta derrière la rive gauche à Brisach, revint de nouveau sur la rive droite et prit la place de Saint-Cyr, qui put alors se relier au centre, lequel avait traversé le pont de Bâle et marché parallèlement au Rhin vers Constance. L'ennemi étant ainsi appelé à observer les défilés du Val-d'Enfer et de Haussach, Moreau, presque sans difficulté, put mener la majeure partie de ses troupes sur la ligne de la Wutach (1). Seul Sainte-Suzanne restait entre Fribourg et

---

(1) La Wutach prend sa source dans la Forêt-Noire, coule du nord-est au sud-ouest, et se jette dans le Rhin près de Waldshut, presque en face du confluent de l'Aar.

Offenbourg, et Lecourbe était encore en Suisse. Le moment où le centre de l'armée française aurait atteint la Wutach, était celui où Lecourbe devait forcer la ligne du Rhin. Cette opération, toujours si difficile à exécuter en présence d'un ennemi vigilant, s'effectua sans accident, on peut même dire sans grande difficulté, le matin du 2 mai, près de Reichlingen (1). La capitulation du fort de Hohentwiel (2), qui domine du haut de son étrange rocher tout le pays environnant, fut le premier résultat du passage de Lecourbe. Il en eut d'autres : Kray se sentant menacé à Donaueschingen se hâta de mettre son armée en marche sur Stokach ; mais Moreau, dont les forces étaient plus concentrées que celles de son adversaire, parvint à le joindre avant que celui-ci eût terminé son mouvement.

Le 3 mai, l'armée française se porta en avant, sur trois colonnes : Lecourbe avec la droite était le plus avancé et se dirigeait sur Stokach, pour couper du lac de Constance la gauche ennemie ; le centre, avec le-

______

(1) Reichlingen (ou Reicklingen) est situé au-dessus et à quinze kilomètres de Schaffhouse.

(2) Hohentwiel est juste au-dessus de la jonction du chemin de fer à Singen.

2.

quel marchait Moreau, s'avançait sur Engen, tandis que la gauche, sous Saint-Cyr, avait pour point de direction Furstenberg, village alors (1) situé sur une hauteur, entre Donaueschingen et Engen, mais encore dans le bassin du Danube, tandis que les eaux d'Engen sont déjà tributaires du Rhin.

La droite, s'étant avancée sur cette langue de terre qui sépare les deux petits lacs d'Untersee et de Stokach, trouva l'avant-garde de la gauche ennemie postée le long du cours de la Stokach, assez en avant de la petite ville de ce nom, entre Wahlwies et Bodmann sur le lac. Le ruisseau fut vite passé, mais l'ennemi se concentra dans une position bien plus forte, appuyée sur la ligne de collines à l'extrémité de laquelle se trouve Stokach. Vandamme, avec l'extrême droite, passant entre le lac et cette position, parvint à le tourner, tandis que la moitié de la division Lorges, qui formait la gauche de Lecourbe, s'avançait par Aach. Ayant suivi le pied de la colline sur laquelle est située cette

_______________

(1) Il y a environ trente ans que le gros village de Furstenberg brûla en entier ; on l'a rebâti dans la vallée, au pied de la hauteur, sur laquelle on peut retrouver quelques vestiges de l'ancien village.

petite ville, et s'engageant dans le vallon où la rivière
du même nom prend sa source (1), elle ne tarda pas à
gravir les pentes des hauteurs en face de Nenzin-
gen, et elle arriva ainsi de plain-pied sur la droite des
Autrichiens. En même temps la division Montrichard,
placée entre Lorges et Vandamme, chargea avec une
extrême vigueur la gauche de l'ennemi, déjà ébranlé
par le mouvement tournant de Vandamme. L'occupation de Stokach fut le prix de ces efforts. Les Autrichiens essayèrent de se reformer sur les hauteurs voisines, mais la cavalerie française, que commandait
Nansouty, ne leur en donna pas le temps.

Ce combat, livré par Lecourbe, ne fut pas l'engagement le plus important de cette glorieuse journée :
le centre avait soutenu devant Engen le choc des
principales forces autrichiennes. Le terrain en avant
d'Engen est un singulier champ de bataille : autant
sont régulières et riantes les lignes que présente le ver-

_______________

(1) La source de l'Aach est remarquable, parce que l'eau sort
immédiatement en quantité considérable du pied d'une ligne
de collines calcaires, qui seules la séparent du Danube. On
prétend même que c'est une partie des eaux de ce fleuve
qui, passant par des conduits souterrains et filtrant à travers
les collines, vient former l'Aach.

sant ouest des montagnes de la Forêt-Noire, autant cet autre versant est aride et tourmenté : on y voit entremê-lés des bois de sapins et des terrains mal cultivés, des bouts de plaine et des collines qui semblent sortir de terre sans raison et dont il est impossible de découvrir les ramifications ou les liaisons entre elles. Une des plus remarquables de ces élévations subites est la colline de Hohenhewen, qui, située en avant et un peu au sud-ouest d'Engen, dominait les deux armées, jusqu'au moment où sa possession devint le but d'une lutte spéciale. A l'ouest de cette montagne, la ligne ennemie s'étendait sur un terrain assez accidenté jusqu'à Leipferdingen, tandis qu'à l'est sa gauche se déployait dans une petite plaine qu'arrose le principal affluent de l'Aach, et près de laquelle se trouvent les villages de Welsch-Engen et de Mulhausen. Mais cette posi-tion ne fut pas longtemps défendue, et la victoire nous fut surtout disputée dans le grand bois situé en ar-rière de la plaine. La division Delmas était tout à fait à la gauche ; la division Bastoul et la brigade Bon-tems venaient ensuite. L'ennemi avait sur elles, outre l'avantage de sa position, une très-grande su-périorité d'artillerie. La plus grande partie de la nôtre fut bientôt démontée, et plusieurs régiments souffrirent beaucoup derrière le bois, sans même pouvoir combattre : tel fut le sort du 13e cavalerie, qui servait de soutien à l'artillerie, et qui éprouva des pertes considérables, entre autres celle de son chef, le brave Dubois-Crancé. Malgré toutes ces difficultés, Moreau avait l'avantage, et l'ennemi se retirait ; il occupait encore avec le corps d'infanterie du général Nauendorf ce grand plateau qui domine Engen, et qui, moins élevé que Hohenhewen, présente toutefois par la douceur même de ses pentes une position mieux adaptée à la défensive. Plusieurs fois les colonnes républicaines l'avaient gravi, plusieurs fois aussi elles l'avaient reperdu : enfin l'extrême gauche put arriver et contribuer au succès définitif.

Saint-Cyr avait rencontré l'arrière-garde ennemie à Sainte-Ottilia, à Zollhaus, et principalement sur la crête de Furstenberg. Partout il l'avait repoussée, et une de ses brigades (Roussel) eut même le temps d'appuyer à droite et de venir prendre par le flanc le corps de Nauendorf, que la division Richepance attaquait alors de front près d'Engen. Ce dernier mouvement décida la retraite définitive des Autrichiens, et à dix heures du soir l'armée française était complétement maîtresse du champ de bataille.

Cette triple victoire assura à Moreau la possession des bords du lac de Constance, de tout le revers de la chaîne de la Forêt-Noire et du sommet du bassin du Danube. Aussi, laissant seulement une brigade à sa droite, il ne tarda pas à suivre avec toutes ses forces la retraite du général Kray dans la vallée du Danube. Par une série de victoires, qui recommencèrent le surlendemain même de la bataille d'Engen (le 5 mai), il repoussa son adversaire jusque dans son grand camp retranché d'Ulm. Ce fut à Mœsskirch qu'il rencontra la résistance la plus sérieuse ; mais Molitor, à la tête des 36ᵉ et 94ᵉ demi-brigades, entra dans le village au pas de charge, tandis que les deux ailes repoussaient énergiquement les attaques répétées des colonnes autrichiennes, dirigées par Kray en personne. Sa défaite fut d'autant plus complète, que le lendemain Ney put encore atteindre son arrière-garde. Les autres principaux combats furent livrés à Biberach et à Memmingen : dans le premier, la gauche eut affaire à toute l'armée ennemie, mais rien ne put résister à la justesse des dispositions de Saint-Cyr et à l'élan de ses troupes ; dans le second, un plateau fortement défendu fut enlevé par les divisions Lorges et Montrichard. Enfin l'armée française arriva sur la ligne de l'Iller, où il lui fallut arrêter sa marche triomphale pour envoyer des renforts à l'armée de réserve.

Le souvenir de ces deux immortelles campagnes de 1799 et de 1800 montre bien l'importance de cette première partie du cours du Rhin pour les armées françaises. Lorsqu'une invasion injuste porta le théâtre de la guerre sur le territoire suisse, Masséna sut trouver au-dessus de Zurich, au centre du grand arc de cercle décrit par le Rhin, une position défensive, qui lui permit d'arrêter les efforts de l'ennemi et de briser la seconde coalition. Quand l'année suivante nos armées surent reprendre l'offensive, l'extérieur de cette même courbe servit à Moreau pour tomber sur le flanc de son adversaire, pour traverser les montagnes Noires, et préparer la journée de Mœsskirch, l'occupation de la Bavière et la victoire de Hohenlinden.

# II

LE RHIN DE BALE AU CONFLUENT DE LA LAUTER.
FRIEDLINGEN. FRIBOURG. SASBACH. KEHL.

## II



La partie du cours du Rhin qui borde la France
actuelle est pour nos armées une ligne stratégique
bien plus importante que celle que nous venons d'examiner. Il est du reste naturel de s'arrêter avec une attention particulière sur la rive du fleuve en face de
laquelle on aperçoit la patrie. Là, plus que partout
ailleurs, le voyageur peut retrouver les traces du passage des armées françaises, qui ont si souvent franchi
cette frontière, et recueillir les souvenirs des campagnes célèbres dont cette portion de la vallée du
Rhin a été le théâtre.

Après avoir dessiné sa courbe rapide sous l'ancien
pont de Bâle, et après avoir baigné le pied des vieux
murs de la ville, le Rhin se dirige, avec quelques si-

nuosités peu considérables, vers le nord. Sa rive gauche borde l'Alsace; les derniers contre-forts du Jura
s'abaissent pour laisser passer l'Ill, et l'on voit bientôt
s'élever les Vosges, seconde barrière de la France,
située entre la vallée du Rhin et les places fortes de
la Lorraine. Sur la longue langue de terre comprise
entre le Rhin et les Vosges on pourrait visiter bien
des points importants et retrouver un grand nombre
de champs de bataille célèbres, entre autres ceux de
Turkheim et d'Entzheim, près des deux capitales de
l'Alsace. Mais c'est la rive badoise, avec sa zone de
plaines si favorables aux manœuvres des armées, et
s'étendant depuis le fleuve jusqu'aux jolies et vertes
montagnes de la Forêt-Noire; ce sont les passages de
ces mêmes montagnes, encaissant la vallée du Rhin
de Bâle à Heidelberg ; c'est toute cette contrée enfin,
dont aujourd'hui les chemins de fer rendent l'accès
si aisé, que nous nous proposons surtout d'étudier.

En partant de Bâle pour descendre le cours du
fleuve, on rencontre d'abord Huningue (1), ancienne

_______________

(1) Les fortifications de Huningue, dessinées par Vauban et

place forte maintenant démantelée. En face, sur la rive droite, près du Petit-Huningue, on peut voir encore des vestiges de la tête de pont fortifiée que nous possédions autrefois, et il est aisé de reconnaître, là où poussent ces jeunes saules, les traces de l'ancien petit bras du Rhin qui entourait jadis une assez grande île. En avant, la vallée est généralement plate, et depuis le Petit-Huningue jusqu'à Horn (au-dessus de Bâle), on rencontre une plaine assez étendue, contenue dans deux arcs de cercle, formés par les montagnes et par le Rhin ; la hauteur que surmonte la petite chapelle de Saint-Chrischona domine tout ce pays. La Wiese, dont la vallée présente un accès facile dans les montagnes, après avoir passé à Lorrach, arrose ce terrain, et se jette dans le Rhin en face de Huningue. Le Rhin reçoit ensuite la Kander, dont la vallée remonte assez loin au nord. Puis les montagnes se rapprochent du fleuve, qui, dans une étendue de 15 kilomètres, en baigne complétement le pied. Le sommet de cette pointe formée par les montagnes Noires est à Rheinweiler; au delà de ce village, situé d'une manière si pittoresque

---

élevées en 1679, furent rasées par les Autrichiens en 1815, après le siége mémorable soutenu par le général Barbanégre.

au milieu des vignes, le Rhin décrit encore un crochet, puis l'on voit le village de Schliengen, dont l'importante position couvre la plaine de Huningue et fut mise à profit par l'armée française le 23 octobre 1796.

On débouche ensuite dans la plaine du Brisgau : le voyageur trouve à sa gauche Brisach, qui en était jadis comme la porte ; à l'horizon, il découvre le Kaiserstuhl (1), montagne de forme bizarre, séparée en apparence de la chaîne de la Forêt-Noire, et qui sert de barrière à la plaine ; enfin, à sa droite, il aperçoit l'élégant clocher de la cathédrale de Fribourg, grand objet d'attraction pour les touristes. Longtemps le pont de Brisach fut considéré comme l'un des principaux points des bords du Rhin, et rien n'exprime mieux l'importance de cette place pour la France qu'un vieil adage que l'on voit encore inscrit à l'endroit où se trouvait la porte du Rhin dans l'enceinte du Vieux-Brisach :

Limes eram Gallis, nunc pons et janua fio;
Si pergunt, Gallis nullibi limes erit.

Derrière le Kaiserstuhl, la rive droite du Rhin présente une plaine qui, d'abord assez étroite, s'élargit

---

1) Littéralement chaise ou trône de l'Empereur.

bientôt, non que les montagnes changent de direction, mais parce que le Rhin s'éloigne de leur chaîne en décrivant une légère courbe qui le rapproche des Vosges et de Strasbourg. Il retourne ensuite de nouveau vers les montagnes Noires, et termine cette plaine, la troisième que nous rencontrons depuis Bâle, à la hauteur de Stollhofen. Là les impériaux avaient jadis établi des lignes redoutables, une fois emportées par Villars et longtemps considérées comme le principal rempart de l'Allemagne. Le terrain sur lequel se déployaient les armées françaises est coupé par diverses rivières. C'est d'abord l'Elz, qui traverse le champ de bataille d'Emmendingen et se jette dans le Rhin à Rheinau ; puis c'est la Schutter, et une de ses ramifications, la Schutterle : ces deux cours d'eau donnent leurs noms à de grands bois, fameux autrefois par les combats qui s'y livrèrent et aujourd'hui connus seulement des chasseurs. Mais la Kintzig est la principale rivière de ce pays ; car la route qui remonte la vallée, par Offenbourg et Hausach, est la voie la plus directe pour se rendre de Strasbourg au bassin du Danube. Plus loin, la plaine est encore traversée par deux autres rivières, la Rench et l'Acher, qui donnent leurs noms à deux petites villes, jadis fortifiées, mais aujourd'hui offrant à peine l'apparence de gros villages. Enfin il ne faut pas oublier la Murg, dont les eaux, avant de traverser Rastadt, arrosent cette charmante vallée de Gernsbach, bien connue de tous les visiteurs de Bade.

Voilà donc trois zones bien tranchées, trois champs d'opérations bien distincts, formés par la nature sur la portion du sol germanique dont le Rhin seul nous sépare. Riches et fertiles, ces trois plaines ont toujours fourni de grandes facilités pour faire vivre les troupes, et leur possession nous a souvent rendus maîtres des défilés des montagnes, et des principales routes qui conduisent au centre de l'Allemagne. C'est pourquoi il en est question dans l'histoire de presque toutes les grandes guerres que la France a eu à soutenir. De nombreuses batailles y furent livrées ; Brisach (1), Fri-

---

(1) Parmi les nombreux siéges soutenus par le Vieux-Brisach on peut citer celui de 1638, entrepris par l'armée suédoise du duc Bernard de Saxe-Weimar ; Turenne servait alors sous ses ordres. Au nord de la ville, on pourrait même retrouver le champ de bataille de Wittenweier, où, pendant le siége, le duc Bernard battit l'armée impériale du comte de Goetz, qui arrivait au secours de la place (30 juillet). Brisach fut encore

bourg (1), Kehl (2), ont soutenu bien des siéges dans tous les temps. Sur ces terrains classiques on peut se représenter les régiments d'Enghien, encore peu organisés, mais électrisés par la vaillance de leur chef ; les bandes de Turenne, déjà plus assouplies à la discipline, manœuvrant, sous l'empire de cette main habile, comme les pions d'un jeu d'échecs ; et les troupes de Villars, ayant déjà subi les réformes de Louvois, mais

---

assiégé en 1703 par les maréchaux de Tallard et Vauban. Les fortifications de la ville furent détruites en 1793, après avoir été longtemps canonnées par les batteries de l'armée du Rhin. Plus tard on les remplaça par les ouvrages qui entourent Neuf-Brisach.

(1) Dans l'espace de cent douze ans, la capitale du Brisgau fut prise six fois : en 1632, en 1634, en 1644 par Mercy, en 1677 par le maréchal de Créqui, en 1713 par le maréchal de Villars, et en 1744 par Louis XV. On raconte que ce monarque se trouvant, pendant le siége, en prières dans la chapelle de San-Loreto, un boulet tiré de la citadelle, située de l'autre côté de la ville, vint frapper le mur de la chapelle au-dessus de sa tête. Du moins voit-on encore dans ce mur un boulet auquel on attribue cette origine.

(2) Au commencement du siècle dernier, Kehl fut pris par le maréchal de Villars après quinze jours de siége. Les Français s'emparèrent encore du fort de Kehl en 1733, après une plus longue résistance. Dans les guerres de la Révolution, de 1796 à 1800, Kehl soutint plusieurs siéges: le plus fameux fut celui de l'hiver de 1796-97.

aussi contracté des habitudes d'indiscipline, d'inexactitude dans le service, et de pillage, qui furent la principale plaie des armées au commencement du siècle dernier. Enfin on y retrouve l'armée que commandait Moreau en 1796, et qui peut être prise comme un des meilleurs types de la belle époque des armées républicaines, tant au point de vue de la composition que de la discipline, de la bravoure, de l'ardeur dans les attaques et de la fermeté dans les retraites. Mais si ces diverses zones d'opération offrent au curieux, avide de retrouver les traces de nos gloires militaires, de nombreux champs de bataille, chacune d'elles a pourtant été illustrée par quelque événement plus remarquable que les autres, chacune d'elles a eu son héros. Le héros de celle qui s'offre la première au voyageur sortant de Bâle, c'est Villars : ce fut lui qui remporta le 14 octobre 1702 la victoire de Friedlingen.

Aux débuts de la campagne, Villars servait sous les ordres de Catinat, qui commandait l'armée française sur le Rhin. Celui-ci, s'étant retiré aux environs de Strasbourg, agissait avec une excessive prudence et voulait à tout prix rester sur la défensive. Tel était du moins le reproche que lui adressait Villars, qui, brûlant du désir de se distinguer, et d'obtenir enfin un commandement en chef, se plaignait en outre de ne trouver ni dans le général, ni dans les troupes, les qualités qu'il eût désirées : « Elles ont oublié la guerre, écrivait-il « à Chamillart, pendant la guerre même. La valeur y « est toujours, mais l'application, la discipline, savoir « se roidir contre les peines et les difficultés, une « attention pour les marches, se bien poster dans les « quartiers, en un mot tout ce qui s'appelle esprit de « gens de guerre, leur manque, hors le courage. » Sur ses avis, on voulut du moins ne pas laisser inutile la seule vertu militaire de cette armée, le courage. Louis XIV trouvait très-important de montrer à l'électeur de Bavière qu'il était prêt à tenter tous les moyens de le secourir, et Villars fut chargé de cette entreprise, que ses lettres montraient possible, quoique très-difficile. Il s'agissait, en effet, non-seulement de forcer le passage du Rhin, mais encore de traverser les défilés de la Forêt-Noire, en présence de l'armée ennemie. Huningue était le point qui offrait le plus d'avantages, parce que nous avions quelques ouvrages dans la grande île, qui, à cette époque, n'était pas encore réunie à la rive droite du fleuve. Mais le

prince de Bade avait établi presque en face, à Friedlingen, un camp couvert par quelques travaux de défense.
Autant que l'on peut reconnaître aujourd'hui ces anciennes positions, il est probable que le fort, dit *de
l'Étoile*, qui commandait tout ce terrain, s'élevait au-
dessus de la Leopoldshœhe, actuellement une station
du chemin de fer badois, et que les lignes de Friedlingen couronnaient les bords du plateau qui divise la
plaine en deux niveaux différents. Le prince avait
vingt-cinq mille hommes, tandis que la petite armée
détachée que l'on avait formée pour Villars ne comptait guère plus de dix-huit mille combattants.

Villars, malgré son ardeur, jugea que la position
de l'ennemi était inattaquable. S'emparant de Neuenbourg, à quatre lieues au-dessous de Huningue, il fit
mine de vouloir y opérer son passage : à cette nouvelle,
le prince quitte ses lignes pour marcher vers ce point
important. Villars fait alors passer toute son armée
sur son pont de Huningue : le prince revient sur ses
pas, occupe avec son infanterie le village de Tillingen,
et la montagne derrière laquelle coule la Wiese, et
range sa cavalerie sur le plateau de Friedlingen, entre
les redoutes. Couvert par son artillerie et par sa ca-

valerie, Villars fait filer son infanterie le long de a
Wiese vers les hauteurs; elle attaque l'infanterie impériale dans les bois, avant que celle-ci ait tout à fait
repris ses positions, et, malgré l'escarpement des
pentes, elle remporte une victoire complète; mais,
tandis que l'ennemi se retirait, quelqu'un ayant crié :
« Nous sommes coupés! » l'infanterie, prise d'une panique (1), recule derrière le terrain qu'elle vient de
conquérir. Villars a toutes les peines du monde à l'arrêter : il croit la journée perdue ; mais un coup d'œil
sur sa cavalerie suffit pour le rassurer. M. de Marsac,
qui en commandait les deux lignes, avait exécuté un
passage de la ligne en retraite pour attirer la cavalerie ennemie hors du terrain favorable qu'elle occupait; puis, saisissant un instant où elle n'était pas
encore formée, il l'avait vigoureusement chargée
l'arme blanche, et, bien que sa troupe comptât seulement les deux tiers du nombre des escadrons impé-

_________

(1) Après avoir raconté ce fait, le maréchal de Saxe ajoute :
« Qui voudrait chercher de pareils exemples en trouverait quan-
« tité chez toutes les nations. Celui-ci prouve assez la variété du
« cœur humain, et le cas qu'on en doit faire. » (Avant-propos
des *Rêveries*.)

riaux, il les avait mis dans une entière déroute. Quand
Villars s'approcha de sa cavalerie, pour la complimenter, il entendit, « non sans grande émotion, »
dit-il, que plusieurs le proclamaient maréchal de
France (1). L'issue de la journée n'était plus douteuse;
l'instant de panique avait seulement empêché de faire
un grand nombre de prisonniers. Le prince de Bade
laissait sur le champ de bataille trois mille tués ou
blessés, onze canons, et trente-cinq étendards, tandis
que l'armée du Roi n'en avait pas perdu un seul (2).

Le jugement des soldats fut confirmé, et Louis XIV
envoya au vainqueur le bâton de maréchal de France,
en lui écrivant une lettre des plus flatteuses. Villars
reçut en même temps des félicitations de toute la cour;
mais la lettre qui, d'après ses Mémoires, le charma le
plus, fut celle de la princesse de Conti; elle lui disait:
« Je vous ferais mon compliment sur la récompense

----

(1) On raconte aussi que les officiers s'empressant autour de
Villars après la victoire et le félicitant de ce qu'il avait battu
un aussi grand général que le prince de Bade, il leur répondit:
« Je m'y attendais, je le lui avais promis. Je l'ai toujours gagné
« au piquet, et j'aurai toujours l'avantage à quelque jeu que je
« joue contre lui. »
(2) Lettre de Villars au Roi, du 16 octobre,

« que le Roi vient de vous donner, si vous pouviez

« sentir d'autre plaisir que celui de l'avoir méritée. »

Si, nous transportant maintenant dans la seconde
plaine de la rive droite du Rhin, nous voulons nous y
arrêter un moment, le principal souvenir que nous y
trouverons est celui de la sanglante bataille gagnée,
aux environs de Fribourg, par les armées françaises, en
1644. Elle dura plusieurs jours, et fut livrée au sud de
la ville, de l'autre côté de la petite rivière de Treisam,
qui baigne les murs de la place, et dans les premières
ramifications des montagnes. Mais, pour pouvoir se
reconnaître dans ce fameux champ de bataille, il est
nécessaire d'entrer dans quelques détails.

A cette époque, antérieure de plus d'un demi-siècle
à celle de la bataille de Friedlingen, l'organisation
militaire n'avait pas encore été réformée ; mais les
armées qui allaient se trouver en présence étaient
toutes deux composées de ces vieilles bandes uniquement levées par le racolage, et formées d'hommes pour
lesquels la guerre était un métier de la vie entière.
Toutes deux étaient commandées spar des chefs illustres.
D'un côté, c'était celui qui devait être un jour le grand
Condé. A peine âgé de vingt-trois ans, il avait déjà

immortalisé à Rocroy le nom de duc d'Enghien ; il arrivait sur le Rhin, resplendissant de renommée, de patriotisme, de bravoure et de jeunesse. Sous ses ordres servait le futur vainqueur des Dunes. Plus âgé que Condé, moins bouillant, et ne tenant pas de la naissance d'aussi grands avantages, le vicomte de Turenne avait eu pendant cette année une tâche ingrate. Chargé de refaire une petite armée à Brisach, il était mal soutenu, car Mazarin prodiguait alors toutes les ressources de la France à l'armée de Flandre. Le ministre comptait que la diversion de Ragotzky en Hongrie, et la brusque irruption des Suédois sous Torstenson dans le nord de l'Allemagne, occuperaient suffisamment l'Empereur, qui laisserait tout le poids de la guerre avec la France au duc de Bavière et aux princes allemands alliés de l'Autriche. Mais, quoique le duc de Lorraine les eût quittés pour aller joindre les Espagnols en Flandre, les Bavarois soutenaient la lutte avec avantage. Le général français, malgré le succès qu'il venait de remporter sur leur cavalerie, n'avait pu les empêcher de descendre dans le Brisgau et d'investir Fribourg. A leur tête se trouvait un capitaine digne d'être l'adversaire de Condé et de Turenne : c'était le comte de Mercy, gentilhomme de race wallonne et de langue française, comme Jean de Wert, comme Lamboi, comme Bucquoi, comme Beck, comme la moitié des généraux qui combattaient alors pour l'Empereur contre la France. Avec les cinq ou six mille hommes qu'il avait pu rassembler, et qui, connus sous le nom de Weymariens, se composaient en grande partie des restes de l'armée du duc Bernard, Turenne ne put inquiéter le siége de Fribourg, et, malgré l'annonce de l'arrivée prochaine du duc d'Enghien, le gouverneur ne tarda guère à rendre la place.

La nouvelle de l'investissement de Fribourg avait forcé la cour à prêter plus d'attention aux réclamations de Turenne et aux mouvements de Mercy. Le siége de Gravelines était en bonne voie. Ordre avait donc été expédié au duc d'Enghien, qui venait de prendre Thionville et qui se trouvait alors dans le Luxembourg, de se rendre sans retard à Brisach, pour rejoindre Turenne. Son armée, renforcée de deux mille volontaires liégeois, marcha avec l'attirail le plus léger de vivres et de canons, et laissa derrière elle tout son gros bagage. Tandis que, sous les ordres de Marsin, elle passe le Rhin à Brisach, le duc d'Enghien va reconnaître la position des ennemis. Leur armée, établie au sud de Fribourg, campait au pied des premières ondulations des Montagnes-Noires, sur une plaine comprise entre les hauteurs, la Treisam, et le village de Saint-Georges, que l'on peut presque considérer comme un faubourg de la ville. Le camp, appuyé d'un côté aux montagnes et de l'autre aux remparts de Fribourg, a son front couvert par de nombreux retranchements. Aux obstacles de la nature, Mercy a ajouté tous ceux que l'art a pu lui suggérer ; les lignes de la plaine sont inattaquables ; le passage compris entre Saint-Georges et Fribourg est rendu inaccessible ; en arrière du camp se trouve la colline de San-Loreto ; en avant, et un peu à gauche, une autre ramification des hauteurs, que l'on appelle maintenant le Leutersberg, et qui était couverte de lignes et d'ouvrages protégés par de nombreux abatis ; enfin, du côté où cette hauteur s'approche le plus de la plaine pour s'abaisser vers la route de Brisach et vers Saint-Georges, s'élevait une forte redoute.

Dans le conseil de guerre tenu par le duc d'Enghien avec les deux maréchaux de Turenne et de Guiche, et avec d'Erlac, gouverneur de Brisach, l'impossibilité d'assaillir de front une pareille position fut vite reconnue. Mais, tandis que d'Erlac, dissuadant toute attaque contre le camp ennemi, proposait de tourner au nord de Fribourg, d'entrer, par Langen-Denzlingen, dans les montagnes, et de remonter par la vallée de Glotten à San-Peter, d'où il était aisé de menacer les communications et les vivres du comte de Mercy, Turenne assura qu'il avait fait reconnaître, au sud de Fribourg, un ravin par lequel il pourrait tourner la montagne que garnissaient les retranchements des ennemis, et tomber sur leur flanc par le fond de la vallée où leur camp s'élevait. Le duc d'Enghien, dont le caractère hardi et valeureux était séduit par ce plan, l'adopta aussitôt, et se chargea d'attaquer en personne la montagne située au sud-ouest du camp ennemi, tandis qu'à notre gauche la cavalerie française garderait la plaine, et que Turenne exécuterait son mouvement tournant, à notre droite.

Le 3 août, le duc d'Enghien met son armée en mouvement, et range son infanterie sur trois lignes, se plaçant lui-même entre la première et la seconde. Pour laisser à Turenne le temps de tourner par les défilés, et afin que les deux attaques soient aussi simultanées qu'il est possible, il donne seulement à cinq heures du

soir le signal du combat. La première ligne, sous M. d'Espernan, gravit les coteaux garnis de vignes dont les
murs de soutien formaient comme autant de retranchements. Mais, ce premier obstacle une fois franchi, elle ne peut enlever les ouvrages de l'ennemi :
elle n'ose fuir, et reste sans avancer, ni reculer,
sous le feu le plus terrible de l'infanterie et de l'artillerie bavaroises. Il n'y avait pas moyen de faire
sonner la retraite, ce qui du reste n'était pas dans
le caractère du duc d'Enghien. Il fait charger sa seconde ligne : descendant de cheval et se mettant à
la tête de son régiment (1), il entre le premier
dans une des redoutes, et, après un combat opiniâtre, nos soldats, animés par l'exemple de leur chef,
parviennent enfin à se rendre maîtres de la crête de la
montagne. Mais notre première ligne avait été ébranlée,
et la seconde était en désordre par suite même de la
violence de son attaque. On n'entendait pas encore

---

(1) Ce régiment avait été levé par le duc d'Enghien en 1638.
Il suivit les destinées du prince, prit part aux guerres de Flandre, et ne rentra en France qu'à la paix des Pyrénées. Il ne
fut définitivement incorporé dans l'armée française qu'en 1661,
sous le nom de régiment de Condé ; il était le 38e régiment d'infanterie. (Essais historiques de Roussel, *Condé*.)

le canon des Weymariens, et il était impossible d'achever la victoire avec si peu de troupes, déjà fatiguées et décimées par l'acharnement du combat.

Pendant ce temps, que faisait Turenne? Ses soldats retardés par les difficultés de la route, avaient trouvé, derrière les abatis fermant la vallée, cinq mille hommes que Mercy leur avait opposés. La lutte s'était engagée avec des chances variées, et l'on n'avait pas tardé à entendre les fanfares du duc d'Enghien, qui, partant du haut de la montagne, annonçaient son succès. Un nouvel effort fut alors tenté, les abatis furent traversés, mais les Weymariens ne purent déboucher sur le camp ennemi, et l'obscurité mit fin au combat. Les deux armées françaises, malgré leur avantage, étaient dans une situation périlleuse; elles passèrent la nuit sous les armes par une pluie battante, le duc d'Enghien s'occupant à rassembler ses hommes.

Loin de l'attaquer, Mercy, qui se sentait serré de trop près pour recommencer la lutte, profita de la nuit pour évacuer sa position dans le plus grand secret. Avant l'aurore, les Weymariens enlevèrent dans la vallée les retranchements défendus avec tant de courage par les mousquetaires bavarois. Dès lors les deux corps français purent descendre dans la plaine et opérer leur jonction près de l'ancien camp de Mercy. Le duc d'Enghien et Turenne, montant sur la hauteur, reconnurent aussitôt la nouvelle position des ennemis. Abandonnant la plaine, leur armée s'était établie sur le mamelon de San-Loreto, qui sépare de cette plaine la vallée de Gungers et se termine au bord de la Treisam, en face des murs de Fribourg. Elle couvrait ainsi sa ligne de retraite et la route de Villingen, d'où lui venaient ses vivres à travers la Forêt-Noire. Sa gauche était appuyée au haut de la montagne, à un endroit appelé l'Esplanade , au-dessus duquel s'élevait une vieille tour. Mercy avait placé sur cette position la plus grande partie de son artillerie et quatre mille hommes d'infanterie. Le reste de son armée était en bataille derrière un bois, du côté de Fribourg, et sa cavalerie formait son extrême droite. Le duc d'Enghien aurait bien voulu l'attaquer à l'instant ; mais ses troupes étaient trop fatiguées : il fallut qu'il leur accordât une nuit et un jour de repos. L'ennemi profita de ce répit pour élever des retranchements considérables, dont le seul défaut était d'avoir une trop grande étendue.

Le 4, au point du jour, le duc prit ses dispositions pour le combat : les Weymariens de Turenne, conduits en première ligne par M. de l'Échelle, maréchal de bataille, avaient ordre d'assaillir l'Esplanade en essayant de la tourner. Une fausse attaque devait être dirigée sur le centre ennemi ; enfin, à notre gauche, l'infanterie française commandée en première ligne par M. d'Espernan, devait tenter près de la Treisam une attaque sérieuse.

Avant de donner le signal, le duc d'Enghien va encore avec Turenne et Grammont sur la colline opposée, pour bien juger l'ensemble des positions ; il défend seulement d'engager le combat sans son ordre. Mais il y avait en avant des retranchements ennemis quelques redoutes, que nous avions déjà prises, sauf une qui se trouvait juste devant M. d'Espernan. Ne prenant conseil que de son courage, ce vieil officier veut s'en rendre maître. Les Bavarois tiennent bon ; ils reçoivent des renforts, et M. d'Espernan est obligé d'engager tout son corps. A la droite, M. de l'Échelle, entendant le canon sur sa gauche, croit que c'est le signal qu'on lui a dit devoir venir de ce côté, et il marche contre l'Esplanade sans regarder s'il sera soutenu. Le duc arrive à toute bride, mais trop tard : il ne voit que le cadavre du malheureux l'Echelle, qui, tué dès le début de l'affaire, n'a pas eu la douleur d'être témoin de la défaite de ses mousquetaires. Ce premier échec a ébranlé les troupes, et le combat ne peut se rétablir avantageusement. Turenne, Grammont, Marsin chargent tour à tour : tout ce qu'ils peuvent faire est de maintenir leur position. Le duc d'Enghien a toujours été au plus fort de la mêlée; le pommeau de sa selle a été arraché, le fourreau de son épée brisé, plusieurs balles sont venues mourir sur sa cuirasse, tous ceux qui l'entouraient sont blessés, et après tant d'efforts, il doit reconnaître que de ce côté il n'y a plus rien à tenter. Laissant alors au marquis d'Aumont le soin d'entretenir le combat, il se porte à la gauche, vers l'attaque de d'Espernan, suivi de Turenne, de Grammont et de la cavalerie. Tout plie devant cette nouvelle attaque ; les troupes font des prodiges de valeur ; la gendarmerie française vient décharger ses pistolets à dix pas des redoutes ennemies. Une bonne partie de l'abatis est déjà enlevée, lorsque Gaspard de Mercy, le frère du général, faisant mettre pied à terre aux dragons qu'il commande, charge à leur tête à travers les retranchements. Repoussé, il revient toujours, jusqu'à ce qu'il tombe percé de coups ; mais ses efforts n'ont pas été vains, puisqu'ils ont arrêté notre succès. La nuit tombe, et le combat dure encore, tant avait été grand l'acharnement de la lutte. Sans l'étourderie de d'Espernan, la victoire, dit-on, eût été complète.

Pendant deux jours, les armées restèrent en présence, relevant leurs blessés et se reposant de leurs fatigues. L'armée française avait gagné du terrain, et dans ces trois journées les pertes de l'ennemi avaient été si considérables que l'on ne devait pas craindre d'attaque de sa part. Mais, quoique bien resserré entre les montagnes et Fribourg, il occupait encore une position formidable et qu'il eût été insensé d'assaillir de nouveau. Le projet de d'Erlac fut donc repris, et, faisant filer son avant-garde, que commandait ce jour-là Turenne, par Langen-Denzlingen, le duc d'Enghien s'engagea dans les montagnes pour tourner la position de Mercy. Celui-ci, prévoyant le mouvement, et sachant de quels coups d'audace l'armée française et son chef étaient capables, ne les attendit pas : abandonnant Fribourg, il traversa la chaîne de la Forêt,

4

Noire et n'eut dans les défilés qu'un combat d'arrière-garde avec les dragons français.

Ainsi, quoique la troisième journée de Fribourg fût restée indécise, ces batailles acharnées et ces mouvements rapides dans les montagnes n'en donnèrent pas moins de magnifiques résultats à la France : Mercy fut rejeté à l'est des montagnes Noires et son armée réduite à l'impuissance pour le reste de la campagne ; le duc d'Enghien se trouva maître des deux rives du Rhin et l'armée française put prendre ses quartiers d'hiver dans le Palatinat.

L'importance de ces résultats et l'éclat de la lutte entre des capitaines si justement célèbres, ont fait de la bataille de Fribourg l'événement principal dans cette seconde des trois zones d'opération que nous avons décrites plus haut. Si maintenant nous passons à la troisième, à celle dont Kehl est le centre, nous y trouvons le souvenir de tant de campagnes (1) que l'embarras de choisir entre elles devient grand. Il est pourtant deux de ces campagnes qui ont les

_______

(1) Citons entre autres la campagne du maréchal de Lorges en 1692 ; celles du maréchal de Villars en 1703, 1706 et 1707 ; enfin celle de 1733.

mêmes lieux pour théâtre et qui frappent particulièrement l'imagination, non-seulement à cause
des noms célèbres qui s'y rattachent, mais aussi
parce qu'elles marquent deux époques bien distinctes
de la science militaire en France : la campagne de
Turenne en 1675, et celle de Moreau en 1796. Toutes
deux comprennent un passage du Rhin dérobé à l'ennemi, et qui fut suivi de combats et d'opérations entre
le fleuve et les Montagnes-Noires. L'une appartient à
l'époque où les armées de Louis XIV surent le mieux
mettre en pratique les règles de l'art militaire ; l'autre,
à la plus belle période des guerres de la Révolution,
alors que plusieurs années de luttes, de revers et de
victoires, avaient déjà formé nos armées, que le bon
sens public ne permettait plus d'envoyer à l'échafaud
les généraux vaincus, et que les grandes opérations de
l'année 1794 avaient rejeté bien loin l'ancienne guerre
des siéges et fait pressentir les changements que de jeunes capitaines, affranchis des entraves de la routine,
allaient apporter dans la conception et dans l'exécution
des plans de campagne. Et cependant, malgré les diffé-
rences profondes qui divisent ces deux époques et
qui sont dues à la composition des armées, à leur

armement, et à tant d'autres causes, certaines règles de l'art peuvent être considérées comme immuables, et, à cent vingt ans de distance, on retrouve sur le même terrain des manœuvres presque semblables, exécutées par les maréchaux de celui que dans toute l'Europe on n'appelait que *le Roi*, et par ceux qui se sont fait connaître partout sous le simple nom *des Républicains*.

Au moment de parler de quelques épisodes d'une des campagnes du maréchal de Turenne, il faut rappeler que dans les quatre précédentes (1672-1675), presque toujours opposé à un adversaire dont l'armée était bien plus nombreuse que la sienne, il avait dû l'avantage à sa savante tactique et à la manière dont il sut, se portant tantôt dans les Vosges et tantôt sur le Rhin, se servir alternativement de ces obstacles pour arrêter les progrès de l'ennemi, et pour le forcer toujours à retourner sur ses pas. Une étude spéciale de ces campagnes serait peut-être la meilleure démonstration du parti que l'on peut tirer de la géographie physique de notre frontière orientale, tant pour la défensive, que pour l'offensive. Mais, quelque intérêt que puisse présenter un pareil travail, le cadre en est ici trop étendu

pour nous, et nous nous contenterons de chercher à
retrouver sur le terrain même les principaux souvenirs
de la dernière campagne de Turenne, celle de 1675.

Pour en embrasser le théâtre d'un seul coup d'œil,
on ne peut être mieux placé qu'à Sasbach, près du lieu
où ce grand homme reçut le coup mortel, et, à la place
où s'élève sur le territoire français, le monument dédié à
sa mémoire. De là on voit Strasbourg et sa flèche, ainsi
que tout le pays compris entre cette ville et les montagnes. Mais, avant de s'arrêter à Sasbach pour suivre
sur le terrain les péripéties de la campagne, il est nécessaire d'expliquer en peu de mots dans quelles con-
ditions elle était entreprise.

On était en 1675 : les trente années qui venaient de
s'écouler depuis la bataille de Fribourg, avaient bien
changé les généraux et les armées. Le maréchal de
Turenne est arrivé à l'apogée de sa gloire, et les soldats qui l'ont suivi dans tant de campagnes se sont de
plus en plus formés et améliorés entre ses mains, puisqu'ils ont mérité cet éloge de sa bouche : « Je n'ai jamais
« vu tant de bons hommes, ni mieux intentionnés. »
Ami du soldat, dont il cherchait toujours à relever la
dignité, et ne le considérant jamais comme un simple

instrument, Turenne avait réussi non-seulement à s'en faire adorer, mais encore à établir dans son armée une discipline fondée sur les règles de l'honneur. Il vint de Paris rejoindre ses troupes à Schelestadt, au moment même où le Roi partait pour les bords de la Meuse. Quoiqu'il fût encore de bonne heure pour entrer en campagne, le maréchal trouva les ennemis déjà en mouvement : c'est qu'il allait avoir à faire à un adversaire digne de lui. Afin de remédier aux inconvénients du commandement partagé, qui l'année précédente leur avait donné de si mauvais résultats, les impériaux venaient de mettre à leur tête leur plus illustre capitaine, le comte de Montecuculli, le vainqueur des Turcs, celui que ses écrits ont fait surnommer le Végèce moderne, et qui par sa manière de faire la guerre aurait pu mériter le nom de Fabius du dix-septième siècle. Le comte de Caprara, qui s'était distingué dans les campagnes précédentes, commandait sa cavalerie, qui comptait quatorze mille chevaux, tandis que l'infanterie se composait de douze mille hommes. Turenne avait à lui opposer environ douze mille fantassins, mais seulement dix mille cavaliers ou dragons.

Les deux célèbres généraux allaient s'efforcer de porter chacun la guerre chez son ennemi, et de se rendre maîtres du pont de Strasbourg, pour obtenir une base sur le Rhin. Les magistrats de la cité, connaissant bien les chances de la guerre, faisaient tous leurs efforts pour y échapper : quand une des deux armées s'approchait seule de la ville, ils inclinaient bien de son côté ; mais, dès que l'armée opposée arrivait, on n'entendait plus parler que de neutralité. Cet état de choses nécessita un certain nombre de marches et de contre-marches qui n'eurent pas de grands résultats. Montecuculli fait une feinte du côté de Philippsbourg, annonçant même son intention d'assiéger la place ; Turenne ne s'y laisse pas prendre : il reste au sud de Strasbourg et construit cinq ponts sur le Rhin, à Ottenheim, un peu au-dessous de Rheinau. Montecuculli, qui veut, à tout prix, éloigner son adversaire de la capitale de l'Alsace, passe alors le Rhin et répand ses troupes légères jusque vers Landau d'un côté, Saverne de l'autre. Turenne se contente d'être prêt à marcher, et il écrit aux commandants de Metz et de Nancy de ne pas s'inquiéter des détachements ennemis qu'ils pourront voir paraître (1).

Puis, pendant que Montecuculli l'attend sur la rive gauche du Rhin au nord de Strasbourg, Turenne, par une manœuvre hardie, fait passer à son armée les ponts d'Ottenheim, descend sur la rive droite du fleuve presque jusqu'à Kehl, s'empare de Willstedt, et établit son camp près de la Kintzig, sur laquelle il fait le soir même jeter des ponts (7 juin). Montecuculli ramène en toute hâte ses troupes à Lichtenau (2), sur la rive droite. Turenne s'étant assuré que la garnison d'Offenbourg est trop forte pour qu'il puisse enlever la place par un simple coup de main, fortifie la ligne un peu longue qu'il doit garder. Il faut, en effet, que sa droite couvre les ponts qu'il a laissés à Ottenheim, et que sa gauche s'avance sur la basse Kintzig, assez près de Kehl pour empêcher Montecuculli de s'en ap-

---

(1) En avant de ses ponts, Turenne avait contre lui la petite armée ennemie du marquis de Bayreuth (6000 hommes), qui était spécialement chargé de garder le Brisgau et de protéger les villes forestières contre les incursions de nos fourrageurs.

(2) Lichtenau est situé sur le bas du cours de l'Acher, non loin de son confluent avec le Rhin, à peu près à la hauteur de Haguenau.

procher. Celui-ci marche au-devant de son adversaire, passe l'Acher et la Rench, mais, ne voulant pas
l'attaquer de front, va chercher un point d'appui près
des montagnes, et, dans l'espoir de couper les Français de leurs ponts, établit son camp derrière Offenbourg, entre cette ville et le château si pittoresque
d'Orterbourg, qui domine la Kintzig à sa sortie des
montagnes. Turenne change alors de front et s'établit
face à l'est, parallèlement au Rhin. Cette nouvelle
position était très-forte, et une grande démonstration,
faite le 18 juin devant Ottenheim, avait servi seulement à prouver que Turenne était également prêt
à bien recevoir l'ennemi sur n'importe quel point de
sa ligne : du reste, il la resserra (les 20 et 21), en
faisant descendre ses ponts d'Ottenheim jusqu'à Altenheim, village situé seulement à 10 kilomètres au-
dessus de Kehl, et dont le clocher carré est aisé à
reconnaître. Montecuculli n'osait pas attaquer ; il ne
pouvait pas non plus espérer, suivant un des moyens
de guerre du temps, de chasser son adversaire par la
famine, car le camp français, mieux situé que le sien,
offrait de grandes facilités d'approvisionnement. Il
remit de nouveau son armée en mouvement, et, lais-

sant le comte de Caprara à Offenbourg avec un gros détachement, il vint camper plus au nord, à Urlaffen, là où se trouve aujourd'hui la station d'Appenweier. Il passait ainsi de la droite à la gauche de Turenne ; mais celui-ci devinant que le Rhin est son objectif, laisse un détachement à la garde de ses ponts, et conduit son armée non loin du Rhin au-dessous de Kehl, entre ce village et Bodersweier : mouvement un peu hasardé, pendant lequel il pouvait être coupé ou du moins fort inquiété, mais que l'ennemi négligea de troubler. Cependant la disette qui régnait dans le camp de Montecuculli, l'obligea, malgré la nouvelle position des Français, à tenter une opération sur le Rhin au-dessous de Kehl, dans l'espoir de se mettre en communication avec Strasbourg et d'en recevoir des approvisionnements. Quittant son camp d'Urlaffen, le 5 juillet, il descend sur la rive droite de la Rench ; mais Turenne vient aussitôt se mettre en bataille dans la plaine de Freistedt : sa gauche est au Rhin, son centre est couvert par des bois, et sa droite est appuyée à la Holchen près de Bischen ; la Rench, que la pluie a rendue marécageuse, sépare les deux armées. Montecuculli n'essaye pas de la passer : il venait bien d'atteindre les bords du fleuve, mais Turenne avait fait venir de Haguenau un corps de dragons pour surveiller la rive gauche, et il avait même fait construire une estacade afin d'empêcher le passage des barques. La nouvelle situation du camp des impériaux ne leur était donc d'aucun profit, et un renfort de cinq mille hommes qu'ils venaient de recevoir, ne faisait qu'augmenter leur disette, sans leur donner le courage d'attaquer les positions dans lesquelles Turenne ne leur offrait aucune prise.

Celui-ci conçoit un plan audacieux pour prendre à son tour l'offensive, et pour forcer Montecuculli à une retraite complète. Dans la nuit du 15 au 16 juillet, il traverse la Rench à gué, avec son avant-garde, y construit un pont à la faveur des ténèbres, et fait passer le chevalier de Beauvau avec un parti de cavalerie, tandis que du Plessis occupe Wagshurst et s'y retranche. Le 20, Turenne va en personne jeter un détachement dans le château de Renchen ; il retourne ensuite à Freistedt, fait palissader tout son camp depuis le Rhin jusqu'au bois, pour qu'il puisse être défendu par une moindre force, y laisse le comte de Lorges avec huit bataillons, trente escadrons et six pièces de canon, et, à la tête du reste de ses troupes, il suit le chemin de fascines qu'il vient de faire construire dans les bois marécageux, passe la Rench, et vient camper au-dessous de Wagshurst, sa gauche à la rivière et sa droite derrière un petit ruisseau, s'appuyant sur la chaussée qui conduit à Nieder-Achern (28 juillet).

Montecuculli, poussé à bout par le manque de vivres, et ignorant ce mouvement, avait ordonné, pour le 24, sur la rive gauche de la Rench, une attaque générale des lignes françaises, à laquelle devaient concourir les troupes du comte de Caprara restées à Offenbourg. Mais cette attaque échoua par suite de la confusion que la marche imprévue de Turenne jeta dans les colonnes ennemies, et, lorsqu'elles se remirent de leur désordre, ce fut pour trouver l'armée française fortement établie, et formant avec le camp de Freistedt un angle droit qui embrassait la gauche et le front des impériaux, et rendait leur position à peu près intenable. Cependant, pour bien occuper ce terrain, et pour être maître de la rive droite de l'Acher, il fallait encore s'emparer du château de Gamshurst : c'est ce qui fut fait dans la soirée du 24, après un combat violent, dans lequel périt, de notre côté, le chevalier d'Hocquincourt, mestre de camp des dragons.

Montecuculli se sentant coupé, non-seulement de Strasbourg, mais encore de tout le Brisgau et des plaines d'où il aurait pu tirer des vivres, se décide à battre en retraite sur les montagnes, vers Nieder-Sasbach, et il fait prévenir le comte de Caprara de venir l'y rejoindre par les défilés de la Forêt-Noire. Lui-même quitte son camp de Renchenloch dans la nuit du 25 au 26, passe l'Acher près de son embouchure à Lichtenau, et va camper derrière un petit ruisseau, sa gauche en avant de Riegel et sa droite à un bois. Turenne veut le suivre et se fait rejoindre à Gamshurst par le comte de Lorges, avec la majeure partie des troupes laissées à Freistedt. Le 27, au point du jour, l'armée française lève son camp ; le maréchal, conduisant lui-même l'avant-garde, passe la rivière à Nieder-Achern, et se dirige vers le pied des montagnes. De son côté, Montecuculli avait quitté le camp de Riegel, et devançait la marche de son armée avec une avant-garde d'environ 2,500 hommes. Vers cinq heures du matin, Turenne arrive en vue du village de Nieder-Sasbach, situé au fond de la plaine et presque en entier sur la gauche du ruisseau du même nom ; il tente alors de jeter de l'infanterie dans les maisons que les impériaux occupent depuis la veille. C'était une position défensive très-avantageuse, le village étant entouré de hautes murailles et d'un fossé bourbeux, et les approches étant coupées de haies. Le maréchal, toujours avare du sang de ses soldats, quand il n'est pas indispensable de le verser, fait cesser l'attaque. Le reste des deux armées arrivait, et l'on voyait même la colonne du comte de Caprara, débouchant des montagnes. L'armée allemande se formait, sa droite vers Gross-Weier et sa gauche sur une éminence derrière Ober-Sasbach. Turenne met aussi son armée en bataille : il appuie sa droite à un bois-taillis, situé sur un coteau, et sa gauche à un autre bois tout près de Nieder-Sasbach ; il avait établi son artillerie à la tête de sa première ligne, sur la crête de l'un des deux escarpements qui forment le ravin au milieu duquel coule le ruisseau de Sasbach ; la cavalerie était déployée derrière l'infanterie.

Le canon des Allemands ayant commencé à tirer, le nôtre lui répondit, mais faiblement. On aperçut alors, derrière l'armée ennemie, le convoi de ses bagages en marche vers les montagnes, ce qui prouvait son intention de ne pas tenir longtemps dans la position qu'elle venait de prendre. Aussi Turenne ne peut-il s'empêcher de dire : « Je les tiens ; ils ne pourront plus m'échapper. » Vers midi, le maréchal manda au Roi qu'il allait attaquer l'arrière-garde ennemie, et que, par un autre courrier, il l'informerait de l'événement. Ce fut sa dernière dépêche. Il s'assit sous un grand noyer, dans lequel il fit monter un vieux soldat, chargé de le tenir au courant des mouvements de l'ennemi. Bientôt Saint-Hilaire, lieutenant général de l'artillerie, le fait prévenir, par son fils, de l'approche d'un corps de troupes que Montecuculli vient de détacher de la gauche de son armée, et qui doit s'avancer entre les collines dans la direction d'une tuilerie, un peu au delà du flanc droit du maréchal. Celui-ci charge seulement le jeune Saint-Hilaire de dire au comte de Roye, qui commandait cette aile, d'observer le mouvement. Le comte envoie successivement deux messagers pour prier le maréchal de venir voir ce qui se passe ; un troisième fait monter Turenne à cheval ; il va reconnaître la position de l'ennemi, et, en revenant, il rencontre Saint-Hilaire, qui lui demande de retourner encore pour examiner l'emplacement d'une batterie qu'il vient d'établir sur la droite. Turenne se rend à son désir, et quand il est à un endroit où s'élèvent aujourd'hui deux grands arbres, Saint-Hilaire étendant le bras pour lui montrer ses pièces, un boulet autrichien, tiré d'une batterie placée sur la colline en face, mais un peu plus près de la plaine, enlève le bras de Saint-Hilaire et frappe en même temps Turenne au cœur. Il s'affaisse sur sa monture, *la Pie,* qui, ne se sentant plus maintenue, ramène son cavalier près de l'arbre au pied duquel il était assis un instant auparavant, et, quand elle s'arrête au milieu des officiers, ceux-ci ne reçoivent dans leurs bras qu'un cadavre.

Ainsi périt le vicomte de Turenne, en héros, comme il avait toujours vécu en honnête homme. Maréchal de France à trente-quatre ans, il parcourut la plus belle carrière militaire que l'homme puisse rêver; même avant sa mort ses contemporains lui donnèrent la place qu'il méritait, et Louis XIV, devançant le jugement de la postérité, créa, pour le principal appui de son trône, une dignité qui le mettait au-dessus de tous les autres maréchaux. Le génie de Turenne

le place à côté des plus grands capitaines. Naturellement bon, honnête et rigide observateur des règles
du devoir, il contribua plus que tout autre à affermir
dans l'armée française ces sentiments et ces habitudes
morales. En outre, à son école, l'infanterie devint plus
savante, plus forte, plus homogène, et, par l'emploi qu'il
sut en faire, il la rendit la principale des trois armes.
S'il ne remporta pas autant d'éclatantes victoires que
Condé, il eut surtout le talent de faire beaucoup avec peu.
Personne en France comprit-il jamais mieux que lui l'art
de conduire une armée au milieu de toutes les circonstances difficiles dans lesquelles elle peut se trouver, soit
dans une marche contre un ennemi plus nombreux, soit
dans une retraite ? il est permis d'en douter. Ce qui
est certain, c'est qu'aux qualités du grand capitaine il
joignait mille autres vertus, privées et publiques,
et que l'on ne sait ce que l'on doit le plus admirer
dans ce beau caractère, du citoyen passionné pour sa
patrie, du serviteur dévoué de son Roi, du modèle des
chrétiens, ou du guerrier accompli. Aussi son adversaire Montecuculli, s'écria-t-il en apprenant sa fin : « Il
est mort un homme qui faisait honneur à l'homme ! »

En voyant la position de Sasbach, on comprend

parfaitement les récits, si souvent relus, de ce funeste
événement. Dans la plaine que l'on a sous ses pieds, on
distingue la ligne du Rhin ; presque sur les bords du
fleuve, on aperçoit les deux clochers de Freistedt et de
Lichtenau, et entre deux, mais plus en avant, celui de
Gamshurst. Quoique le pays ait un peu changé d'aspect,
surtout par l'effet du déboisement, on voit bien
la ligne d'ondulations que couvrait le corps de bataille français : en avant le mamelon du haut duquel Turenne examinait l'armée ennemie ; de l'autre
côté du ruisseau et en face, la chaîne de hauteurs que
l'artillerie impériale avait couronnée ; en regardant
le haut de la vallée, on découvre l'entrée des défilés par
lesquels les Français devaient voir déboucher la colonne
de Caprara ; enfin, à droite du monument (1) on peut

---

(1) C'est entre Nieder-Sasbach et Ober-Sasbach, à l'endroit où
Turenne fut ramené par son cheval, que s'élève son monument.
Le duc de Rohan, prince-évêque de Strasbourg, avait acheté
le terrain et y avait construit un premier monument. Celui que
l'on voit aujourd'hui fut élevé en 1829. C'est un obélisque de
granit, qui porte ces simples inscriptions : « La France à Turenne. — Érigé en 1829 », et sur le piédestal, d'un côté le bas-re-
lief du buste de Turenne, de l'autre ses armoiries ; d'un côté
« Ici Turenne fut tué le 27 juillet 1675 », et de l'autre le nom des
victoires qu'il remporta : « Arras-les-Dunes-Sinzheim-Entzheim-
Turkheim. » Auprès du monument se voient encore les rejetons du

à une certaine distance, reconnaître l'emplacement de la funeste batterie de Saint-Hilaire, qui coûta si cher à la France.

Cette position que Turenne avait prise au-dessus de Sasbach, aurait, sans aucun doute, forcé Montecuculli à repasser les montagnes, et la guerre aurait une fois de plus été reportée dans la vallée du Neckar ; mais la mort du général français changea toute la face des choses, tant il est vrai que la présence d'un homme supérieur a parfois une influence décisive sur le cours des événements. On commença par essayer de cacher aux troupes la mort du maréchal, que tous les soldats appelaient leur père ; mais les généraux ne tardèrent pas à se disputer le commandement. Quoique blessé à l'affaire de Gamshurst, le marquis de Vaubrun arriva pour enlever l'autorité suprême au comte de Lorges : ce qui fit dire aux soldats (1), témoins de cette

noyer sous lequel le maréchal s'était assis. Le tout est confié à un garde du génie, dont la maison, qui est. comme l'obélisque même, sur un terrain appartenant à la France, cache une partie de la vue de la plaine.

(1) Ce fut un soldat nommé Bataille, et appartenant au régiment de Turenne, qui dit ce mot où se reconnaît bien l'esprit à la fois si juste et si moqueur de nos troupiers de tous les temps.

anarchie : « Lâchez *la Pie*, elle nous conduira. » Il y eut quelques jours d'hésitation, dont les impériaux profitèrent pour diriger, près d'Altenheim, une attaque générale contre nos lignes. Ils furent repoussés avec une extrême vigueur : après quoi l'armée française repassa le Rhin. Elle reçut bientôt un nouveau chef, le prince de Condé qui arriva au camp, « souhaitant, « disait-il, de pouvoir entretenir une demi-heure seu- « lement l'ombre du maréchal de Turenne. »

Le reste de la campagne ne vit pas d'opérations bien importantes. Après avoir forcé les magistrats de Strasbourg à lui laisser traverser la ville, Montecu- culli alla canonner Haguenau ; mais, sur la nouvelle de l'approche du prince de Condé, il abandonna cette entreprise et tourna vers Saverne ; puis il reçut l'ordre d'assiéger Philippsbourg et n'osa pas l'exécuter. Enfin il termina la campagne en repassant le Rhin, après avoir fait moins de mal à la France qu'à l'électeur Palatin, dont il avait ruiné les Etats. Cette campagne fut la dernière de trois généraux que l'on peut bien appeler les trois plus grands hommes de guerre de leur temps : Turenne y perdit la vie ; le grand Condé et Montecuculli, accablés d'infirmités, renoncèrent tous les deux au commandement des armées.

Les opérations dirigées par le maréchal de Turenne en 1675 peuvent être regardées comme le modèle d'une campagne défensive, et montrent parfaitement comment un grand général savait autrefois protéger la frontière nord-est de la France et déterminer la retraite d'une armée ennemie même plus nombreuse que la sienne. Les débuts de la campagne du général Moreau en 1796 offrent, sur le même terrain, l'exemple contraire d'une offensive prise hardiment et de la manière dont une armée française peut, non-seulement traverser le Rhin de vive force, s'établir sur sa rive droite et se rendre maîtresse de toute la vallée, mais encore transporter les ravages de la guerre dans le bassin du Danube et s'avancer jusqu'au cœur de la Bavière.

Cent vingt ans après la catastrophe de Sasbach, nous retrouvons nos armées enlevant successivement presque toutes les mêmes positions que nous venons de leur voir occuper. Mais, quoique le terrain sur lequel elles manœuvrent soit le même, quoiqu'elles se trouvent encore en présence des forces de l'Empire, quoique les règles de la stratégie et, jusqu'à un certain point, celles de la tactique de Turenne aient survécu à son siècle, cependant ce long espace de temps a vu bien des modifications dans la cause des luttes, dans l'effectif et la composition des armées, dans leur armement et dans l'esprit qui les animait. L'aspect général de la guerre a changé par suite des nouvelles inventions et des nouvelles idées auxquelles la Révolution française a donné naissance. L'armée de Rhin-et-Moselle, dont nous nous proposons de suivre un instant les mouvements, est trois fois plus nombreuse que celle qui obéissait à Turenne. Ce n'est plus l'armée du Roi, c'est l'armée de la nation. Elle n'est plus composée d'hommes faisant de la vie de soldat un métier, et levés, soit par un chef influent, soit sous la forme de milices des villes ; elle ne compte plus d'étrangers dans ses rangs ; elle est formée par l'amalgame des anciens régiments, des gardes nationales levées en masse et des volontaires. Les grades ne sont plus l'apanage d'une caste privilégiée, tout conscrit peut parvenir aux plus hautes dignités ; les généraux, pour la plupart jeunes encore, ont tous fait leurs preuves et possèdent la confiance de leurs soldats. Ces changements radicaux dans la composition des armées ont amené d'autres améliorations dans la pratique de la guerre : quoique la lutte soit bien plus acharnée, les scènes de pillage et de désolation sont moins fréquentes; le naturel du soldat reprend le dessus, il est instinctivement bon et sait se faire aimer. Au point de vue de l'armement, c'est l'artillerie qui a fait le plus de progrès. Dans l'infanterie le fusil a remplacé le mousquet, et la baïonnette a pris la place de la pique; mais l'arme blanche est toujours restée la plus terrible entre les mains du soldat français. L'habit bleu, *par la victoire usé*, a remplacé l'uniforme blanc. Mais la simplicité est à l'ordre du jour, surtout à l'armée de Rhin-et-Moselle; elle est la conséquence de la pauvreté des caisses de l'armée, et le général en chef lui-même ne se distingue que par son sabre du simple bourgeois. Enfin, et ce dernier changement suffit à lui seul pour marquer le nouveau caractère des armées françaises, la cocarde blanche a disparu : c'est le drapeau tricolore que le soldat reconnaît comme l'emblème de l'honneur, comme le représentant de la patrie, c'est pour lui que le Français « saura vaincre ou périr. »

Moreau se trouvait alors à la tête de l'armée de Rhin-et-Moselle ; pour la première fois, il commandait en chef : à l'armée du Nord il s'était acquis une excellente réputation de divisionnaire ; il cherchait à plaire aux soldats comme aux officiers, et ses manières affables lui avaient gagné tous les cœurs. Malgré les reproches d'indécision et de lenteur qu'on lui a quelquefois adressés, ses deux campagnes de 1796 et de 1800, ses victoires d'Ettlingen et de Neresheim, de Mosskirch et de Hohenlinden, comptent parmi les plus beaux souvenirs des guerres de la Révolution et le mettent au rang de nos meilleurs généraux. La retraite qu'il exécuta en 96 fit même ressortir chez lui des qualités que nous cherchons en vain chez quelques-uns de nos plus illustres capitaines. Il est seulement triste de penser qu'un homme doué de talents militaires aussi remarquables et animé de sentiments si patriotiques, ait été contraint, par un injuste exil, de quitter pour toujours la France, et qu'il ait oublié son glorieux passé jusqu'à se mettre dans la cruelle situation de voir terminée par un boulet français, venant le frapper au milieu d'un état-major russe, une carrière si glorieusement commencée.

Deux circonstances particulières facilitèrent les débuts de la campagne de 1796 : c'était d'abord l'offensive prise par l'armée de Sambre-et-Meuse, qui, sous Jourdan, attira à elle vers la ligne de la Lahn une partie des forces de l'ennemi, et d'autre part les succès de Bonaparte et de l'armée d'Italie, qui enlevèrent aux Autrichiens Wurmser et 25,000 hommes. Mais ce dernier avantage fut presque perdu par la réunion des deux armées impériales sous un seul chef, tandis que, de notre côté, le commandement était divisé entre Jourdan et Moreau. Encore si l'on avait laissé ces deux généraux suivre leurs propres inspirations ! Mais, d'après les ordres du Comité, ils devaient de plus en plus s'éloigner l'un de l'autre, et agir toujours par des mouvements excentriques sur les ailes de leurs adversaires. C'était le jeune archiduc Charles qui, succédant à Clerfayt, venait de prendre le commandement des deux puissantes armées autrichiennes. Le gros de ses forces était opposé à Jourdan, tandis que les restes de l'armée de Wurmser se trouvaient sous Latour, massés aux environs de Manheim et en face, dans le camp retranché construit comme tête de pont sur la rive gauche ; enfin Stazaray, avec le contingent

des cercles, gardait le Haut-Rhin entre Rastadt et Offenbourg ; il avait même envoyé un corps de
6,000 hommes camper, entre Willstedt et Gamshurst,
dans la plaine en face de Strasbourg.

Moreau, qui avait choisi l'emplacement du passage
projeté aux environs de cette ville, ne modifia pourtant pas son plan. Strasbourg lui offrait, à cause de
l'Ill et des bras qui la relient au Rhin, ainsi que par
ses nombreux approvisionnements, de trop grands
avantages pour qu'il voulût y renoncer. L'opération
devait être exécutée, ou du moins simulée, sur cinq
points différents : à Missenheim (tout près d'Altenheim),
à Béclair (un peu au-dessus de Kehl), à Kehl même,
puis au-dessus de Strasbourg à la hauteur du fort
Isaac, et encore plus loin, à Gambesheim. A ce dernier point seulement et à Kehl devaient avoir lieu les
passages réels ; mais une crue subite des eaux, qui
couvrirent complétement une île, rendit impossible le
passage de Gambesheim.

Un secret complet, la condition la plus importante
pour la réussite d'un pareil projet, avait présidé à tous
les préparatifs. Afin de tromper l'ennemi et de n'avoir
plus de sujet d'inquiétude sur la rive gauche, Mo-

reau avait, dès le 14 juin, chargé les deux divisions du centre (Desaix) de refouler les avant-postes autrichiens dans leur camp retranché de Manheim. Le 18 juin, Wurmser partit pour l'Italie ; le même jour Moreau apprenait que Jourdan venait de subir un échec sur la Lahn : il était donc urgent d'agir. Les divisions du centre furent partagées : les unes eurent ordre de rallier la droite (Férino) et se rendirent à Strasbourg ; mais afin, de cacher leur destination, on les fit passer par les Vosges et on leur donna des feuilles de route pour Belfort, comme si elles devaient se rendre à l'armée d'Italie ; les autres restèrent avec la gauche, que commandait Saint-Cyr. Enfin, pour attirer plus encore l'attention des Autrichiens sur Manheim, et aussi pour dégager un peu la droite de l'armée de Sambre-et-Meuse, qui, sous Marceau, se trouvait sur la ligne de la Nahe dans une situation assez exposée, le général en chef fit encore attaquer les approches du camp de Manheim le 20 juin. Il affecta même de s'y montrer de sa personne, mais il se contenta, ce jour-là, d'enlever la position de Rheingenheim.

Dans la nuit du 22 au 23, Moreau et les généraux qui devaient prendre part au passage se rendirent en poste de Neustadt, où était alors le quartier général, à Strasbourg. Le 23, dans l'après-midi, les portes de la ville ayant été fermées, les bateaux furent amenés par les bras de l'Ill, et expédiés sur les divers points d'embarquement. On en concentre la plus grande partie dans le bras Mabile, et, à minuit, les premières troupes, s'embarquant sur quatre divisions différentes de bateaux, abordent en silence à la grande île marécageuse appelée Ehrlen-Rhein, alors occupée par quelques avant-postes autrichiens. La surprise est complète : pas un seul coup de fusil n'est tiré ; les sentinelles ennemies sont en un instant entourées par les baïonnettes des républicains, qui, sans laisser aux fuyards le temps de détruire les petites passerelles réunissant l'île à la rive droite, s'y précipitent derrière eux, et essayent de s'y établir. Par cette première opération, suivie de cette rapide échauffourée, l'avant-garde ayant été heureusement transportée sur la rive droite, on s'occupa aussitôt de jeter le pont volant pour communiquer de la rive gauche à Ehrlen-Rhein ; car, n'ayant qu'un équipage de pont complet, on ne voulait pas le compromettre, et il ne devait être mis en mouvement que lorsque la possession du village de Kehl aurait assuré sur la rive droite certains points de résistance. Il fallait d'abord que l'infanterie s'emparât des deux redoutes dites *du cimetière* et *des trous-de-loup :* elles furent prises d'assaut. On y trouva deux canons, qui joints à deux autres pièces venues dans les bateaux, furent immédiatement mis en batterie à la rencontre de l'ennemi. Celui-ci, revenu de son premier étonnement, s'avançait de son camp de Willstedt au-devant des assaillants. Le pont volant n'était pas encore jeté ; la situation devenait des plus critiques. Pour avoir plus vite des renforts, on se décida à renvoyer les bateaux, et à leur faire faire le va-et-vient. Ainsi les braves qui ont opéré le premier passage vont se trouver sans moyen de retraite ; mais ils n'en ont pas besoin, ce péril même ne fait qu'enflammer leur courage, ils repoussent toutes les attaques d'un ennemi plus nombreux, et rejoints peu à peu, d'abord par une nouvelle troupe amenée en bateaux, puis par toute l'infanterie, qui pouvait seule traverser le pont volant, ils s'emparent successivement de la redoute étoilée, puis du passage de la Kintzig, et ils s'avancent même sur la route d'Offenbourg.

Tous les jours suivants virent de nouveaux combats,

car l'ennemi opposait une vigoureuse résistance à l'établissement définitif de l'armée française sur la rive
droite. Le 25 juin, le pont de bateaux étant terminé,
Desaix et deux de ses divisions emportaient le camp de
Neumuhl. Les impériaux occupaient encore la position de Willstedt, qu'on a déjà vue jouer un rôle
important dans la campagne de 1675, quand le 26, les
colonnes républicaines s'avançant pour s'en emparer,
les cuirassiers autrichiens débouchent dans la plaine
et culbutent notre avant-garde : Beaupuis, Drouot, et
bien d'autres sont blessés ; mais deux bataillons postés
derrière une haie arrêtent la charge, la cavalerie française arrive et fait rebrousser chemin aux cuirassiers,
l'infanterie s'élance sur leurs traces et enlève le camp.
Le lendemain (27), Desaix rencontra une résistance
plus sérieuse sur le cours de la Rench : d'abord la cavalerie ennemie essaya d'arrêter sa marche, puis
Stazaray lui disputa très-vivement le passage de cette
rivière ; après un assez long combat, le champ de
bataille resta encore aux Français. Ils étaient donc
bien établis sur la rive droite, et les combats livrés
par Desaix pendant ces trois jours avaient donné
à l'armée le temps de passer le fleuve, et l'es-

pace nécessaire pour se former sur l'autre rive.

Le 29, toute l'armée française était en position, et décrivait devant Kehl une ligne semi-circulaire. La gauche était dans la position la plus exposée : elle barrait la vallée depuis les montagnes jusqu'au Rhin, occupant le haut du cours de la Rench, les villages de Renchen, Gamshurst et Freistedt ; ses avant-postes s'étendaient jusqu'à Achern. Saint-Cyr, avec le centre, était sur la ligne de la Kintzig, et s'avançait même dans cette vallée jusqu'à Gengenbach ; il avait devant lui des détachements de l'armée de Latour et le corps de Condé. Enfin la droite se trouvait placée en potence, et s'étendait à travers les montagnes depuis Gengenbach jusqu'à Lahr, dans la vallée du Rhin; le corps de Stazaray, qui avait contourné presque toute l'armée française, lui était maintenant opposé.

Il y avait une certaine opportunité à exécuter immédiatement un nouveau mouvement offensif pour ne pas laisser à l'archiduc le temps de réunir ses forces; mais, avant de descendre le cours du Rhin pour arriver au Neckar, il fallait se rendre plus complétement maître des montagnes. En conséquence, Saint-Cyr se dirigeant vers l'est, remonta les principales vallées des Montagnes-Noires ; il fit enlever par quelques bataillons la position du Knubis, montagne abrupte et boisée qui domine l'établissement de bains de Rippoldsau, et d'où part, comme d'une souche commune, tout un réseau de hauteurs. Il s'avança même sur l'autre versant jusqu'à Fremdenstadt. Ce ne fut pas sans combat, car les troupes du Wurtemberg défendaient, à l'entrée de leur frontière, quelques retranchements élevés à la hâte ; mais cette affaire eut un heureux résultat, puisqu'elle décida ce pays à se retirer de la coalition, et à traiter avec le Directoire.

Tandis que Saint-Cyr exécutait ces mouvements, la gauche de l'armée, sous Desaix, s'était avancée peu à peu le long de la rive droite du Rhin. Elle avait passé la Rench, puis l'Acher, était arrivée à Oos, et enfin, refoulant toujours l'ennemi, elle s'était approchée du débouché de la vallée de la Murg. Avant d'y arriver, aux environs du gros village de Kuppenheim, situé au pied des collines qui bordent la rive gauche de la Murg, Desaix avait été, pour continuer sa marche, dans la nécessité de livrer un combat sérieux. Sainte-Suzanne avait enlevé et occupé la charmante, mais, à cette époque, fort paisible, vallée de Baden, et le même jour (5 juillet)

Grenier, descendant la vallée de la Murg, trouvait une certaine résistance à Gernsbach. Tous trois furent vainqueurs. Par ces rencontres, auxquelles assistait l'archiduc, quoique ses troupes ne fussent pas encore arrivées, les Autrichiens se trouvèrent complétement rejetés sur la rive droite de la Murg.

La bataille que tous prévoyaient, et qui devait décider du commencement de la campagne, allait se diviser en deux engagements bien distincts, comme c'est généralement le cas dans les combats livrés sur cette étroite plaine de la rive droite du Rhin. Presque toujours les deux armées sont perpendiculaires au Rhin et aux montagnes ; un engagement se passe dans la plaine, et un autre dans quelque vallée resserrée et séparée de cette plaine par une ou plusieurs lignes de hauteurs. Ordinairement c'est ce combat livré dans les montagnes qui décide, en dernier ressort, du succès de la journée ; car, lorsqu'une des deux armées a perdu ce point d'appui, elle se trouve tellement étranglée entre les hauteurs et le Rhin, qu'elle est obligée d'abandonner ses positions. C'est ce qui a rendu ce terrain si favorable aux armées françaises. Dans les pays accidentés et montagneux, l'habitude de combattre en tirailleurs, et l'intelligence de la petite guerre, que nos soldats possèdent à un si haut degré, ont souvent pu balancer leur infériorité numérique, et paralyser en partie la nombreuse cavalerie de l'ennemi.

On comprend aisément que, telle étant la situation, l'aile qui a la part principale à chacun des deux combats est celle qui se rapproche le plus du terrain de l'autre engagement : pour le combat de la plaine, c'est donc sur l'aile qui s'appuie au flanc de la montagne que doivent se porter les principaux efforts. Tandis que Saint-Cyr tenait la montagne, le gros de l'armée s'avançait en plaine, et la position du village de Malsch, situé à son extrême droite, était la plus importante. Malheureusement, Moreau ne la fit ni attaquer, ni garder par des forces suffisantes, et, n'eût été l'énergie de ses troupes, cette négligence aurait bien pu compromettre le sort de la journée. Le brave général Decaen commença la bataille, en enlevant le village à la tête de sa brigade, mais il ne put s'y maintenir ; il le prend une seconde fois, et, voyant qu'en présence d'un ennemi très-supérieur en nombre, il ne pourra réussir à le défendre, il se retire, et occupe un peu en arrière une bonne position, dans laquelle il est sûr de déjouer toutes les tentatives de l'archiduc, qui a pourtant dirigé de ce côté ses principales attaques. Celui-ci, s'apercevant que le premier succès qu'il vient de remporter a un peu éloigné notre droite de la gauche, qui combattait sous Desaix à Ottigheim, essaye de couper complétement de ce côté la division Delmas, en lançant dans l'espace ouvert que l'on voit entre les deux villages toute son excellente cavalerie sur laquelle il comptait beaucoup. Il était cinq heures du soir, le moment était décisif ; Moreau ébranle de son côté sa cavalerie et son artillerie légère. Ces deux corps comprennent que le salut de la journée est dans leurs mains et leur dévouement arrête l'ennemi. La nuit vint fort à propos mettre un terme au combat ; car les troupes françaises avaient beaucoup souffert et même perdu du terrain : elles étaient pourtant prêtes à recommencer le lendemain. Quant à l'engagement livré dans les montagnes, il avait eu pour nous une issue si favorable, que cette bataille indécise se trouva changée par ses conséquences en une victoire des plus complètes.

Quittant la Murg à Gernsbach, et reprenant la route qui traverse les montagnes dans la direction du nord-est, Saint-Cyr n'avait pas tardé à descendre dans la vallée de l'Alb (1), cours d'eau qui se dirige d'abord du sud au nord parallèlement au Rhin. L'avant-garde française chassait devant elle les avant-postes de l'ennemi. Vers midi, on aperçut la gauche de l'armée autrichienne, sous le général Keim, occupant le plateau de Rothensol, sur la rive droite de l'Alb. Ce plateau ouvert était couronné par un mur de pierres sèches, et les flancs de la montagne qu'il surmonte étaient couverts de rochers escarpés et de bois, de manière que l'on n'y pouvait arriver que par deux routes, sortes de sentiers étroits, faciles à défendre. Saint-Cyr jugea la position trop forte pour pouvoir être attaquée de front ; il ne voulait pas non plus la tourner de crainte de disséminer son monde ; il eut donc recours à la ruse. Masquant ses troupes en deux colonnes de réserve sous Lecourbe et sous Lambert, il envoya dans le bois des détachements de deux demi-brigades, pour refouler les tirailleurs ennemis. La 84ᵉ s'avançait par le couvent de Frauenalb, qu'elle avait déjà enlevé sur notre gau-

---

(1) L'Alb débouche des montagnes près d'Ettlingen, et va se jeter dans le Rhin près de Carlsruhe.

che, tandis que la 106e marchait droit sur Rothensol. L'ennemi recule d'abord, puis il envoie des renforts de manière à ramener ses tirailleurs à l'endroit d'où ils viennent d'être chassés ; mais ils ne dépassent pas cette ligne, et le général français, qui se flattait d'attirer les Autrichiens hors de leur position, voit son espoir déçu. Il ne perd pas patience, et quoique cette première tentative n'ait eu lieu qu'à une heure de l'après-midi, il la renouvelle à trois reprises différentes. Chaque fois les Autrichiens s'enhardissaient un peu et descendaient plus près de la vallée ; enfin, la quatrième fausse attaque ayant été faite par la 106e tout entière, elle se laissa repousser et redescendit dans le vallon vigoureusement poursuivie. Elle allait s'y rallier, quand Saint-Cyr accourut : il ne fallut pas moins que ses exhortations les plus vives pour décider ces braves à continuer leur retraite. L'ennemi les poursuit encore ; mais il ne tarde pas à se trouver en présence des colonnes de Lecourbe et de Lambert, qui, sans même se donner le temps de faire feu, s'élancent, baïonnettes baissées, par les deux chemins conduisant au plateau. En vain les impériaux essayent de s'y reformer : la victoire n'est plus douteuse ; pour sauver

6

son artillerie, le général Keim sacrifie du monde et charge plusieurs fois avec les dragons de Waldeck ; mais ses troupes sont réduites à faire une retraite précipitée, et dans la soirée la droite de Saint-Cyr prend position dans la vallée de l'Enz (1), en arrière de Neuenbourg.

De cette ville jusqu'à Pforzheim il n'y a pas bien loin, et Pforzheim se trouve sur la meilleure route qui relie la vallée du Neckar à celle du Rhin; c'est pourquoi l'archiduc, craignant que la défaite de sa gauche, à Rothensol, ne le privât de ce passage, se décida à en profiter pendant qu'il était encore ouvert, et commença sa retraite dans la nuit même. Contraint par les belles opérations de Moreau à abandonner la vallée du Rhin, il voulait, en suivant le cours du Neckar, gagner le Danube, où, s'appuyant sur Ulm et sur Ratisbonne, il avait de meilleures chances d'arrêter les progrès de l'armée française. Nous ne l'y suivrons pas. Il suffit de rappeler, sans même énumérer nos victoires, que, d'après le plan de campagne, plan que critiquent avec force Saint-Cyr, Jomini,

_______________

(1) Tandis que l'Alb est encore tributaire direct du Rhin, l'Enz est, de ce côté, le premier cours d'eau qui aille se jeter dans la rive gauche du Neckar.

M. Thiers et l'archiduc Charles, les armées françaises en Allemagne, divisées dès le début, devaient s'éloigner de plus en plus l'une de l'autre : Jourdan fut sacrifié. Par une manœuvre hardie, qui commença sa grande et juste réputation, l'archiduc se porta contre l'armée de Sambre-et-Meuse avec toutes ses forces, et, après la bataille de Würzburg, l'obligea à battre complétement en retraite. Ce fut alors que Moreau, auquel on a reproché de n'avoir pas, en désobéissant à ses instructions, essayé de suivre l'archiduc, montra ce dont il était capable, et exécuta cette célèbre retraite, qui, dénigrée par les uns, a été peut-être trop exaltée par les autres, mais n'en restera pas moins une des plus belles pages de son histoire.

Pendant quarante-sept jours, de Pfaffenhofen jusqu'à Huningue, il marcha entouré d'ennemis sans se laisser jamais entamer. Les communications avec la patrie n'existaient plus pour lui : on peut se figurer avec quelle joie la France apprit que cette belle armée, que jusque-là l'on avait crue perdue, débouchait intacte par le val d'Enfer (1) et que ses soixante mille

_______________

(1) La route du val d'Enfer fut construite au siècle dernier et fut inaugurée lors de la venue en France de l'infortunée

hommes allaient de nouveau se trouver dans la vallée du Rhin, déjà illustrée par leurs précédentes victoires. Ne connaissant pas bien les mouvements de l'ennemi, et désireux de couvrir Kehl, Moreau remonta la rive droite du fleuve jusque sur l'Elz. Il savait que le corps de Latour était devant lui, et il voulait le combattre avant l'arrivée de l'archiduc; mais celui-ci ne lui en laissa pas le temps. Attaqué sur l'Elz, tandis qu'il était occupé à rectifier les positions de sa droite dans les montagnes, Moreau put seulement se maintenir assez pour permettre à sa gauche de se retirer sur Kehl (30 octobre). Lui-même conduisit le centre et la droite sur Offenbourg, et combattit encore à Schliengen avant de repasser sur la rive gauche du Rhin.

Ainsi, malgré tant d'efforts, malgré tant de succès, l'armée de Rhin-et-Moselle, au début de la campagne

Marie-Antoinette. En 1702, l'électeur de Bavière avait voulu faire passer par le val d'Enfer l'armée du maréchal de Villars ; mais celui-ci répondit : « Cette vallée de Neustadt que V. A. « me propose, c'est le chemin que l'on appelle le val d'Enfer ; « eh bien! que V. A. me pardonne l'expression, je ne suis pas « diable pour y passer. » En 1796, deux bataillons autrichiens et deux canons gardaient le défilé.

suivante (1797), se trouvait de nouveau sur la rive gauche du Rhin, à peu près dans les mêmes positions qu'au printemps de 1796. L'hiver nous avait été peu favorable ; nous avions perdu deux têtes de pont sur le Rhin : l'ouvrage à cornes en face de Huningue, et Kehl, qui, bien que fortifié seulement à la hâte, avait cependant eu les honneurs d'un siége régulier, grâce à l'énergique défense de Desaix (1). L'armée manquait de tout ; cependant l'offensive était décidée, et, pour la prendre, il fallait de nouveau passer le Rhin en présence de l'ennemi. Cette fois, le petit village de Diersheim, situé à quelques kilomètres au-dessous de Kehl, et en face de l'embouchure de l'Ill, fut désigné comme point de passage. Ce choix était obligé : par suite du manque absolu de chevaux, les bateaux ne pouvant être transportés que par eau, il fallait leur faire descendre le cours de l'Ill. Ce passage fut plus difficile que celui de l'année précédente ; la surprise

---

(1) Par le traité de Bâle les anciennes fortifications de Kehl, dont Vauban était l'auteur, avaient été rasées. Après le passage du Rhin en 1796, on commença à les relever ; mais elles étaient loin d'être terminées lorsque l'armée revint sur le Rhin. La défense fut toutefois si opiniâtre que la place ne fut évacuée qu'après 105 jours d'investissement, dont 50 de tranchée ouverte.

de l'ennemi fut moins complète, il était mieux sur ses gardes, et une partie des bateaux s'étant engravés, le débarquement ne put avoir lieu qu'en plein jour (20 avril). Le bouillant général Duhesme fut le premier à prendre pied sur la rive droite; il s'empara aussitôt du village de Diersheim; les impériaux ne tardèrent pas à le reprendre : ils en furent de nouveau chassés par Davoust et par Desaix, qui y reçut une blessure à la cuisse. Les Autrichiens essayèrent, vers trois heures de l'après-midi, de rejeter l'avant-garde française dans le Rhin; ils ne gagnèrent pas de terrain, malgré le feu écrasant de leur artillerie. Moreau ne pouvait pas encore employer la sienne, car le point désigné pour le pont ayant été trouvé impraticable, il avait fallu transporter tous les matériaux ailleurs, et l'on n'avait pu encore à cette heure en commencer la construction. Toutefois avant minuit il était terminé. L'ennemi, ne se décourageant pas, profita de l'obscurité pour tenter une nouvelle attaque sur notre droite : il y eut un moment de panique; les Autrichiens couvrirent du feu de leur mousqueterie le pont, qui fut cependant conservé. Mais le combat le plus rude se livra le lendemain; dans cette journée (21 avril), Moreau, prenant

l'offensive, parvint non-seulement à s'établir solide-
ment sur la rive droite, mais encore à rejeter au loin
les Autrichiens, et à occuper toute la plaine. Le soir,
l'avant-garde française était maîtresse de la ligne de
la Rench, tandis qu'à la droite Vandamme avait repris
Kehl, et que Davoust avec la cavalerie poursuivait
l'ennemi le long de la Kintzig. Le 22, l'armée dut
songer à se reposer et à se réorganiser ; pourtant elle
put s'avancer jusqu'au pied des montagnes, passer la
Rench, et occuper Lichtenau.

Tous ces efforts devaient être inutiles : il était écrit
que ce ne serait jamais cette brave armée qui recueil-
lerait elle-même le fruit de ses travaux Le 23, au
moment où elle allait reprendre sa marche victorieuse,
elle vit arriver avec un parlementaire un aide de
camp du général Bonaparte, porteur de la nouvelle
de la signature des préliminaires de Léoben. Les
hostilités cessèrent aussitôt, et jusqu'à la paix de
Campo-Formio, l'armée garda les positions dont elle
s'était si bravement emparée.

On voit par ce qui précède qu'à ne considérer entre
Bâle et le confluent de la Lauter que la rive droite du
Rhin, on y trouve trois zones bien distinctes, éter-

nels théâtres de nos luttes contre nos voisins. Que le principal acteur, dans chacune de ces guerres, s'appelle Villars, Enghien, Turenne ou Moreau, que la campagne s'entreprenne sur l'offensive ou sur la défensive, le terrain reste le même, et les principales opérations demeurent limitées à l'une de ces trois plaines. Il en sera toujours ainsi : les mêmes cours d'eau, les mêmes positions militaires sont encore là aujourd'hui ; mais la stratégie rencontre un élément que n'ont pas connu ces chefs illustres : les chemins de fer. Heureux le capitaine qui saura joindre à l'expérience du passé le meilleur emploi de ce nouveau et puissant moyen d'action !

III


LE RHIN DU CONFLUENT
DE LA LAUTER A LA FRONTIÈRE HOLLAN-
DAISE. MAYENCE. COBLENCE.

## III



LE RHIN DU CONFLUENT
DE LA LAUTER A LA FRONTIÈRE HOLLANDAISE.
MAYENCE. COBLENCE.

La partie du cours du Rhin où nous sommes arrivés
est fort intéressante au point de vue militaire, parce
qu'elle borde les plaines les plus favorables aux mouvements des grands corps de troupes, les débouchés les
plus avantageux et les positions les plus fortes. Aussi,
traversée ou occupée, à toutes les époques, par les armées françaises ou allemandes, cette portion des rives
du Rhin est plus que toute autre défendue par de nombreuses forteresses : toutes ont à diverses époques appartenu à notre pays; quelques-unes ont même été élevées par la France. Bien qu'il ne nous serve plus de

frontière, le Rhin est encore pour nos armées une ligne stratégique fort importante et qui sera toujours
appelée à tenir une grande place dans les guerres que
nous pouvons avoir à soutenir sur notre frontière sep-
tentrionale. Parmi toutes nos frontières, celle-là est la
plus ouverte, la plus exposée, n'étant protégée dans son
état actuel par aucun obstacle naturel. C'est pour cette
raison qu'il a été si longtemps de l'intérêt de la France
de combattre le voisinage de la puissante maison d'Autriche, alors qu'elle réunissait au sceptre de l'Empire
la souveraineté des Pays-Bas. C'est pour cette raison
encore que Louis XIV a fait établir par Vauban ce puissant réseau de forteresses, dont une partie est restée
aux mains des Allemands en 1815, et qu'il était enfin
pour nous de la plus haute importance, surtout après
la perte de plusieurs de ces places, d'établir de ce côté
une barrière factice, œuvre commencée peu après 1830
par la création du royaume neutre de Belgique. Ce
pays, entre le Rhin et la mer, est parcouru par quatre
fleuves principaux, l'Escaut, la Sambre, la Meuse et la
Moselle, dont les noms seuls rappellent de glorieux
souvenirs et correspondent aux formations de ces armées républicaines qui, tantôt réunies, tantôt divisées,

combattaient, avec plus ou moins de succès, pour la défense du sol national et des idées de la Révolution. Chacun de ces fleuves pourrait être le sujet d'une étude spéciale ; mais le Rhin seul nous occupe.

Les contrées qui bordent son cours au nord de la Lauter sont d'abord, sur la rive gauche, la Bavière rhénane, dont les princes, comme toutes les petites maisons souveraines voisines de la France, devenaient souvent nos alliés, et avaient même l'habitude de prendre du service sous les drapeaux fleurdelisés; et, sur la rive droite, la partie nord du grand-duché de Bade. En ce moment, ces deux États n'appartiennent pas encore à la Confédération du nord de l'Allemagne, mais ils viennent de s'unir par une organisation militaire commune. Plus bas, à partir de Worms, les deux rives sont au grand-duché de Hesse-Darmstadt, dont l'armée a le singulier privilége d'être en partie indépendante, en partie incorporée dans celle du nord de l'Allemagne. Enfin, après le confluent du Mein d'un côté, et celui de la Nahe de l'autre, le Rhin, par suite des conquêtes de 1866, devient tout à fait prussien et va arroser les provinces rhénanes données au successeur du grand Frédéric, lors du partage de l'Europe en 1814.

Avant d'arriver à Mayence, le voyageur qui parcourt les bords du Rhin en quête de souvenirs militaires, rencontre deux principaux sujets d'étude : ce sont d'abord les cours d'eau, affluents de la rive gauche, qui ont servi tour à tour, soit de limite à la France, soit de ligne de défense à ses armées : tels sont la Lauter, la Queich, et le Speyerbach; et en second lieu, les villes qui furent fortifiées, soit pour défendre la frontière française, soit pour commander le cours du Rhin : telles sont les lignes de Wissembourg et les places de Philippsbourg et de Landau, de Rastadt et de Germersheim.

Sur les bords de la Lauter, notre frontière actuelle, on voit les traces des anciennes lignes de Wissembourg. Elevées par Villars à l'époque de la guerre de la succession d'Espagne, elles arrêtèrent les progrès du duc de Marlborough et furent depuis considérées comme un des boulevards de la France. Durant les guerres de la fin du siècle dernier, elles rendirent de nouveaux services, principalement en 1793. Dans les premiers jours de septembre, il fallut que le général Carlin les fît évacuer à l'armée du Rhin ; mais, avant la fin de l'année, le général Hoche les reprit, après avoir mené à l'assaut du Geisberg ses divisions, composées en grande partie de volontaires, qui n'avaient que des piques pour toute arme, et qui étaient accourus à l'armée au cri de : « Laudau ou la mort ! »

Entre la Lauter et la Queich, le terrain, doucement ondulé, présente une série de positions remarquables. De ce côté, le revers est des Vosges offre à l'œil un aspect assez singulier, qui rappelle un peu le revers oriental des Montagnes-Noires. Il y a çà et là de grandes ouvertures, celle, entre autres, d'où sort le petit ruisseau de Winden ; mais ces vallées, ou pour mieux dire ces sortes de bassins, sont parsemées de montagnes pointues sans ramifications, surmontées tantôt de rochers rouges aux formes bizarres, tantôt des ruines de quelqu'un de ces vieux châteaux qui abondent dans ce voisinage, jadis un des principaux berceaux de la féodalité. Telle est, par exemple, planant sur la vallée de la Queich, la vieille tour du château de Trifels, où, dit-on, Richard Cœur-de-lion passa une partie du temps de sa captivité.

La Queich, plutôt ruisseau que rivière, servait autrefois de limite à l'Alsace, et ses eaux baignent deux forteresses considérables : Landau et Germersheim.

Le Speyerbach (ruisseau de Spire) arrose un joli vallon, suivi longtemps par la principale route de Kaiserslautern, ville assise au milieu des dernières hauteurs des Vosges, et que l'on peut considérer comme la position centrale de tout ce pays d'entre Rhin-et-Moselle. Aussi la possession en a-t-elle été de tout temps fort disputée.

Quoique les affluents de la rive droite aient tenu dans l'histoire militaire de la France une place moins considérable que les trois ruisseaux que nous venons de nommer, il en est pourtant un qu'il est impossible de passer sous silence : c'est le Neckar, qui, dans son cours assez long, reçoit la plupart des eaux sorties des vallées intérieures de la Forêt-Noire. Après avoir passé au pied des rochers que surmontent les fameuses ruines du château de Heidelberg, il traverse une plaine fort riche et se jette dans le Rhin à Manheim, ville qui fut bien souvent un lieu de passage des armées françaises.

Nous avons déjà nommé les principales places fortes qui gardent cette partie du cours du Rhin. Philipps-bourg, admirablement situé dans une presqu'île formée par une des sinuosités du fleuve, avait l'avantage d'être presque entièrement entouré de terrains marécageux et faciles à inonder. Cette forteresse, qui devint, à la paix de Westphalie, notre sentinelle avancée sur la rive droite du fleuve, a été l'objet de trois siéges célèbres (1), dirigés par le duc d'Enghien, par le grand Dauphin et par le maréchal de Berwick, qui perdit la vie dans celui de 1734. Landau avait sur la rive gauche la même destination que Philippsbourg sur la rive droite ; seulement la place, étant à une certaine distance du fleuve, barrait complétement la plaine comprise entre le Rhin et les Vosges ; elle était aussi de construction plus récente. Quoique ses fortifications eussent été dessinées par Vauban, dont elles passaient pour être la dernière pensée, la place n'était pas imprenable, et nous l'avons perdue plusieurs fois. C'est après l'avoir assiégée, en 1703, que le maréchal de Tallard écrivait au Roi à propos de la bataille du Speyerbach : « Sire, nous y avons pris plus de drapeaux « et d'étendards que Votre Majesté n'y a perdu de sol- « dats.» L'année suivante Landau se rendait au prince Eugène; mais la défense avait été si belle que le vain-

_______________

(1) En 1644, 1688 et 1734.

queur s'écriait : « Il y a vraiment de la gloire à vaincre
« de pareils ennemis! » Après la bataille de Denain,
Landau fut repris, et ne cessa plus d'être français qu'en
1815. Tandis que les fortifications de Philippsbourg
ont été rasées au commencement du siècle, celles de
Landau sont encore intactes : Germersheim, situé en
face de l'emplacement de Philippsbourg, et Rastadt, plus
au sud, en face de la frontière française, ont été for-
tifiés contre nous depuis 1815, et complètent avec Landau le réseau des forteresses qui entourent la pointe
nord-est de la France.

Enfin, pour citer toutes les fortifications de
ce pays, il faudrait encore nommer l'ancienne tête
de pont de Manheim, qui formait, à la fin du siècle
dernier, un vaste camp retranché (1). Mais dans cette
partie de la vallée du Rhin, la position militaire par
excellence a toujours été Mayence, et l'attaque ou la
défense de cette grande place a été le but constant
des efforts des armées françaises opérant de ce
côté.

---

(1) C'est sur l'emplacement de ce camp retranché que s'élève
aujourd'hui Ludwigshafen.

Après Mayence, le Rhin va changer de caractère ; déjà son cours est un peu resserré ; on voit que le fleuve, grossi par les eaux du Mein, se prépare à traverser les montagnes. C'est à Bingen qu'il y entre : à partir de cette ville, il est encaissé de chaque côté dans des hauteurs d'une centaine de mètres environ, si rapprochées du fleuve que l'on a difficilement pu trouver de chaque côté de la vallée le tracé d'un chemin de fer ; elles sont tellement abruptes que, si l'on reste près de la rive, on ne voit rien du pays qu'une éternelle succession de vignobles, de ruines et de rochers, qui bordent le fleuve. Cette partie de son cours est celle qui a fait la réputation pittoresque du Rhin et que les touristes visitent le plus volontiers.

Notons-y seulement la position de Bacharach, choisie comme point de passage par les Prussiens, en 1793 et en 1814 ; puis l'angle que décrit le Rhin près de Boppard, et le confluent de la Lahn, la principale rivière qui traverse les montagnes de la rive droite. Les hauteurs dont la vallée de la Lahn est entourée sont d'un accès facile ; il est donc aisé de prendre position sur les bords de ce cours d'eau : c'est l'étape obligatoire de toute armée remontant la rive droite pour se porter sur le Mein. Après avoir visité le confluent de la Moselle et les environs de Coblence, dont nous aurons à parler plus en détail, on ne rencontre plus, avant de sortir des montagnes, qu'une rivière importante, la Sieg.

A partir de Rolandseck, le fleuve cesse de décrire autant de sinuosités ; il laisse encore à sa droite ces hauteurs de formes bizarres qui portent le nom des Sept-Montagnes ; on peut les considérer comme la fin de la partie pittoresque du cours du Rhin, et le voyageur, entrant avec les eaux du fleuve dans le plat pays, ne voit plus d'élévations, jusqu'à ce qu'il aperçoive à l'horizon la tour de cette cathédrale de Cologne, qui, tout inachevée qu'elle est, compte parmi les chefs-d'œuvre de l'art gothique. La longue plaine que traverse le Rhin depuis Bonn jusqu'à Wesel, devient à chaque pas plus insignifiante. Plate, sablonneuse et assez pauvre, elle n'offre aucune attraction au touriste, qui se hasarde bien rarement à descendre le Rhin au delà de Cologne, et à visiter cette portion des provinces prussiennes arrosée par le fleuve avant son entrée en Hollande. Il ne serait pourtant pas sans intérêt d'étudier les campagnes des armées françaises dans cette contrée, leurs nombreux passages du Rhin et les siéges des principales villes qui le bordent. Mais généralement ce n'étaient que les ailes des armées belligérantes qui se rencontraient là : les grands coups se portaient ailleurs. Ces opérations étaient ordinairement des diversions destinées à coïncider avec les mouvements que nous entreprenions contre la Flandre et les Pays-Bas, ou contre les États allemands plus voisins de notre frontière.

La partie de la vallée du Rhin que nous venons de parcourir par la pensée, a vu les exploits des anciennes légions romaines, des plus célèbres chefs francs, des plus belliqueux empereurs d'Allemagne, des plus remuants seigneurs de l'époque féodale, des plus fameux généraux du siècle de Louis XIV, et enfin des plus braves soldats de la République française. Ces rives ont été illustrées par la présence de César, de Clovis, de Frédéric Barberousse, de Turenne, de Kléber et de Desaix. Embarrassés de choisir des exemples parmi tous ces grands noms, il nous semble qu'il y a dans ce parcours deux positions principales qui, par leur importance croissante, appellent naturellement l'attention. Nous voulons parler de Mayence et de Coblence :

Mayence, tout rempli du souvenir de nos armées républicaines; Coblence, où nous attire la mémoire de deux grandes figures nationales. Quoique leurs tombeaux soient confiés à une terre étrangère, les noms de Marceau et de Hoche sont encore aussi présents aux imaginations françaises, que si leurs cendres avaient été rapportées en pompe dans la patrie, et occupaient une place d'honneur aux Invalides.

La situation et la force de Mayence lui ont donné le rôle principal dans toutes les campagnes dont cette partie du cours du Rhin a été le théâtre. Placée au carrefour de plusieurs grandes vallées qui ouvrent aux armées des débouchés en tous sens, et au milieu de trois plaines qui s'étendent au centre de l'Europe occidentale, la ville occupe une position exceptionnelle. La courbe que décrit le fleuve sous ses murs, et les fortifications qui de tout temps entourèrent la place, offrent de grandes facilités pour sa défense. Les Romains avaient déjà reconnu l'importance de ce lieu, et, dès l'année 38 avant notre ère, Vipsanius Agrippa avait fait construire, à l'endroit où se trouve maintenant Mayence, un camp retranché, afin de se protéger contre les incursions des Germains. L'an 14, Auguste envoya sur le Rhin Drusus , que l'on peut considérer comme le vrai fondateur de la ville et qui fit élever un grand ouvrage en face de l'embouchure du Mein. Il l'appela Castellum Maguntiacum. C'était un des nombreux châteaux ou forts que Drusus, disent les historiens, avait bâtis sur les bords du Rhin.

Malgré tous les changements survenus dans l'art de la guerre, Mayence a encore aujourd'hui une importance au moins aussi considérable qu'aux temps de Drusus ou de Gustave-Adolphe. Les fortifications du système de Mayence sont assez étendues, la ville possède assez de ressources en logements, en approvisionnements, en magasins, pour que l'on puisse y renfermer plus qu'une garnison ordinaire et pour qu'il soit même fort aisé d'y appuyer le camp d'une grande armée. C'est donc une de ces rares places fortes qui, par leur position géographique, par leur importance et par leur développement, doivent, même dans le système de guerre le plus moderne, conserver toute leur valeur stratégique.

Mayence sur le Rhin, comme Orléans sur la Loire, comme Rouen sur la Seine, comme presque toutes les villes appuyées sur un cours d'eau trop large pour être aisément franchi, a la forme d'un arc tendu dont le fleuve fait la corde. Dominée par sa cathédrale, bâtie avec cette belle pierre rouge particulière aux bords du Rhin, la cité renferme de grands monuments, témoignages éclatants de la richesse de ses princes-évêques, les plus puissants souverains ecclésiastiques du moyen âge. La ville est entourée d'une double enceinte, sans compter un système d'ouvrages détachés qui en forme comme une troisième. Ses larges fossés, dont les revêtements sont toujours bien entretenus, ses anciennes portes, sur lesquelles on voit encore la trace du ciseau qui a fait disparaître les armes de ses différents maîtres, et plus loin ses glacis bien gazonnés et ombragés de jeunes arbres prêts à être coupés au premier signal, lui donnent un aspect tout à la fois vénérable par son antiquité, et redoutable par sa force moderne.

De légères ondulations de terrain, formant des pentes assez douces, et présentant une suite de positions avantageuses au point de vue militaire, dominent la ville, dont le quartier neuf est même construit sur une de ces hauteurs. Les principaux forts, qui, reliés au corps de la place, font presque partie de son enceinte, existaient déjà du temps des guerres de la Révolution.

Mais un simple coup d'œil ne suffit pas pour embrasser ces vastes ouvrages, et afin de mieux se rappeler les principaux incidents des siéges de la place, il faut auparavant en faire le tour.

Si le voyageur commence sa promenade du côté par lequel le Rhin s'approche de la ville, il rencontre d'abord le village de Weissenau, situé d'une façon pittoresque sur un mamelon au-dessus de la rive du fleuve. Le point culminant se trouve entre Weissenau et le fort Saint-Charles : c'est là que l'on a construit de nos jours un ouvrage important pour commander à la fois la navigation du Rhin et du Mein. Puis, on arrive à un plateau qui courant un peu au sud s'éloigne de la ville ; sa partie supérieure, appelée Hœchtsheimerhœhe, domine la place. La partie nord de ces hauteurs a son origine dans le nouveau quartier de Mayence, et est surmontée par la portion des fortifications où se trouvent les forts Sainte-Élizabeth, Saint-Philippe et Saint-Joseph. Ce dernier ouvrage s'avance jusqu'au bord de la hauteur, qui s'abaisse alors rapidement vers Zahlbach, petit village traversé par le ruisseau de Wildbach, qui, partant lui-même de Hœchtsheim, laisse Mayence à sa droite et se jette dans le Rhin au-dessous de la ville en face de l'île de Peters-Au. Du fort Saint-Joseph part l'alignement des nouvelles redoutes. Elles couronnent la crête des hauteurs jusqu'au delà de la route de France, et inclinent ensuite à l'est pour se relier à l'ouvrage de Weissenau. En continuant à tourner autour de la ville, après avoir passé le Wildbach, on entre dans une plaine où se trouve le village de Marienborn : la grande route la divise en deux. On voit ensuite à sa gauche, mais à une plus grande distance, une nouvelle ligne de hauteurs ; entre ces hauteurs et le fort Saint-Joseph s'étend une large vallée au milieu de laquelle est le gros village de Bretzenheim : de là on peut apercevoir les clochers de Drais et de Finthen. Si enfin, de Bretzenheim, on remonte au nord pour rejoindre le Rhin, on rencontre une nouvelle ligne d'ondulations, moins marquées que les précédentes, et qui se dirigent vers le nord, tandis que l'enceinte de la place tourne au nord-est pour décrire l'arc de cercle dont le Rhin est la corde. A cet angle se trouve l'ancien fort du Hauptstein, avec quelques ouvrages additionnels. En avant, et à une certaine distance, on voit encore plusieurs lunettes et redoutes, dont les plus avancées sont entre le village de Mombach et Mayence, à 2800 pas du corps de la place, et dont la dernière borde le Rhin, pour couvrir le chemin de fer de Bingen.

La citadelle de Mayence, grand fort bastionné à quatre faces, est située sur une élévation qui domine la partie basse de la ville, du côté du sud-est, derrière les remparts, entre les forts Saint-Charles et Sainte-Élizabeth. Elle renforce ce côté, qui a généralement été considéré comme le plus favorable pour l'attaque de la place.

Mayence est actuellement reliée à la rive droite par un pont de bateaux conduisant à Castel (au nord de l'embouchure du Mein), et par le beau pont du chemin de fer qui traverse cette île en bas-fond appelée « pointe du Mein » (Mein-Spitze) (1), et qui débouche près de l'emplacement de l'ancienne forteresse suédoise de Gustavbourg (au sud de l'embouchure du Mein).

La tête du pont de bateaux, opposée à la partie de la ville que borde le Rhin, est fortement défendue, d'abord par les trois fronts bastionnés de Castel; en-

_______________

(1) A côté et un peu au-dessous de l'ancienne île de Plomb.

suite, au-dessous et à environ mille pas de Castel, par le fort Grand-Duc-de-Hesse que des ingénieurs prussiens ont construit sur l'emplacement de l'ancien fort Montébello (1) ; enfin, entre Castel et l'embouchure du Mein et en face du village de Kostheim, par les trois petits ouvrages qui ont remplacé l'ancien fort de Mars, construit, en 1793, bien à la hâte et en présence de l'ennemi.

La tête du pont du chemin de fer est plus faible : il ne reste rien de Gustavbourg, et, pour protéger la voie ferrée, il n'y a sur la pointe du Mein qu'un ouvrage à cornes précédé d'une lunette. Il est vrai que l'approche du pont est tout à fait sous le canon des ouvrages de Weissenau.

Ainsi, une armée appuyée par le système de défenses de la place peut déboucher de toutes parts et avoir trois terrains de plaine bien distincts pour ses opérations, tandis qu'une armée approchant de Mayence peut y arriver également de trois côtés. D'abord en descendant la rive gauche du Rhin, et s'avan-

_______________

(1) Cet ouvrage est relié à ceux de la rive gauche par les deux redoutes et les quelques lignes qui se trouvent sur les deux grandes îles boisées de Peters-Au et de Ingelheimer-Au.

çant par cette plaine légèrement ondulée qui s'étend de Worms jusqu'à Mayence, la droite au Rhin et la gauche dans les contre-forts des montagnes du Hart ; cette route fut suivie par l'armée de Custine en 1792. On peut aussi descendre la rive droite du Rhin, sa gauche au fleuve et son flanc droit couvert par la courbe que décrit le Mein d'Aschaffenbourg à Hanau. Ce terrain au sud du Mein a pour une armée française l'avantage de lui faire exécuter le passage du Rhin au-dessus des plus fortes positions de l'ennemi, de lui donner tous les débouchés de Francfort, et enfin de lui permettre de couvrir ses derrières par les montagnes de la Forêt-Noire. En dernier lieu, une armée peut approcher de Mayence en remontant la rive droite du Rhin, après avoir passé le fleuve soit dans les montagnes, soit au-dessous. Cette marche a été plusieurs fois celle de l'armée de Sambre-et-Meuse ; mais, en l'exécutant, Jourdan avait un avantage particulier, car son flanc gauche se trouvait généralement protégé par la ligne de neutralité de la Prusse, avec laquelle nous étions alors en paix.

On remplirait un volume si l'on voulait seulement rappeler tous les blocus et les siéges de Mayence, et il prendrait des proportions considérables, si l'on y ajoutait le tableau de toutes les opérations des armées qui, pendant tant de guerres différentes, se sont disputé les terrains environnants. Aussi nous bornerons-nous à marquer brièvement quel fut le rôle de cette place dans les guerres de la Révolution.

Custine est le premier général de la République qui se soit présenté devant Mayence. Si le contact du maréchal de Saxe et de Washington ne lui avait pas donné le génie des grands capitaines, il avait conservé de son éducation à Potsdam, et des compliments qu'il avait reçus du grand Frédéric, des principes de sévérité, un peu déplacés en 92, qui, en lui aliénant le soldat, ne furent peut-être pas étrangers à sa fin malheureuse. Du reste, il connaissait bien son métier (1), et savait qu'avec les Français il

_______________

(1) « C'est aux généraux Dumouriez, Custine et Dugommier
« que la France doit, sinon l'invention, du moins l'exécution en
« grand de cette belle manœuvre (l'emploi des tirailleurs en
« grandes bandes), qu'ils furent les premiers et longtemps les
« seuls à faire exécuter dans nos armées. » (Général Marbot.
*Remarques critiques.*)

importe de commencer par un succès, parce qu'au début de toute entreprise nos soldats sont susceptibles des plus grands efforts. Au mois de septembre 1792, il prenait le commandement du corps des Vosges, formé d'environ quinze ou vingt mille hommes détachés de l'armée du Rhin. On en était alors à la première période des armées révolutionnaires, celle de l'enthousiasme. Grâce à la bonne composition des anciens régiments et à l'élan avec lequel la nation répondait à la première levée en masse, on avait pu mener à la frontière de nombreux corps de troupes. Bien plus, la première invasion était repoussée : les savantes manœuvres de Dumouriez dans la forêt de l'Argonne, la victoire de Valmy et la retraite de cette magnifique armée prussienne devant ce que l'on appelait naguère des hordes d'ouvriers, avaient appris à l'Europe qu'il fallait compter avec la Révolution, que ce n'était pas un simple moment d'exaltation du peuple français, mais que ce mouvement était appuyé par toute l'énergie d'hommes déterminés qui sentaient le bon droit de leur côté.

Ces premières armées manquaient de tout : les soldats étaient dans un dénûment absolu ; les places fortes se trouvaient en mauvais état. Plusieurs anciens généraux avaient été conservés, mais les vides laissés dans les cadres par l'émigration n'étaient pas encore remplis ; seule, l'artillerie possédait un corps d'officiers assez complet. D'ailleurs, à peine le premier moment d'enthousiasme se fut-il refroidi que l'on put voir se développer dans les armées des germes de désunion et de discorde. Elles étaient, en effet, composées de deux éléments fort distincts : c'étaient d'un côté les anciens régiments, pour qui les enrôlements volontaires avaient tari les sources du recrutement et qui manquaient d'officiers, et de l'autre les bataillons de volontaires formés à la hâte, pourvus d'officiers parfois choisis au hasard, et composés d'hommes que l'on n'avait souvent pas eu le temps d'instruire ni même d'armer. Ces défauts d'organisation se reproduisaient dans toutes les branches du service, surtout dans l'administration militaire, et c'est là que l'on doit chercher la principale cause de la longue inaction de l'armée du Rhin.

Custine avait profité du mouvement de retraite des armées alliées pour descendre la rive gauche du fleuve, passer la frontière, et, après quelques légers succès, s'emparer de Spire et de Worms. Quoique Mayence eût alors sur ses remparts cent quatre-vingt-seize pièces de canon, sa garnison ne comptait que trois mille cinq cents hommes; il est vrai que l'armée de Custine n'était guère en état de commencer un siége régulier, que le gouverneur avait droit d'espérer des renforts, et, qu'en armant les bourgeois, il pouvait parfaitement suffire à la défense. Aussi repoussa-t-il la première sommation qui lui fut adressée ; mais, après quelques démonstrations d'artillerie, et sur l'avis que nous possédions des intelligences dans la place, une seconde sommation fut faite, qui, cette fois, fut adressée au bourgmestre, et la ville capitula. Cette prise facile, mais si importante, était une de nos premières conquêtes, et elle produisit un très-grand effet. Quelques jours après, quand on vit entrer en vainqueurs dans la vieille ville impériale de Francfort ces soldats qui, sans équipement, sans pain (1), souvent encore sans instruction militaire, suppléaient à tout par leur courage et par la force que leur donnait l'amour de la patrie, l'étonnement fut à son comble. Custine eut

______

(1) « Pieds nus, sans pain, sourds aux lâches alarmes. »

le tort de se préoccuper du bon effet de ces entrées, plus que des mouvements qu'il aurait pu faire pour coopérer avec l'armée du Nord, et pour compléter le succès de la campagne. Au commencement de l'année suivante, il était encore entre Mayence, Francfort et les environs, ce qui donna le temps à la grande armée prussienne de venir sur la rive droite du fleuve, et de remonter par la ligne de la Lahn pour le combattre. À l'arrivée de ces forces, auxquelles il n'avait pas le moyen de résister, et après quelques rencontres, où se distingua (malheureusement pour lui) le colonel Houchard, qui commandait l'arrière-garde, Custine abandonna la ligne du Rhin, laissant seulement une garnison dans Mayence.

Le roi de Prusse venait de repasser le Rhin à Bacharach, et de tous côtés l'année 93 commençait tristement pour la France : à l'intérieur, le 21 janvier venait d'avoir son douloureux retentissement, le régime de la terreur était inauguré, et le pays était livré au pire de tous les despotismes, celui d'une bande de fanatiques. A l'extérieur, la première coalition se formait, et nos armées étaient en retraite. Custine arrivait derrière la Lauter ; l'armée du Nord, loin de pouvoir soutenir l'armée du Rhin, venait d'essuyer un échec à Neerwinde, et le départ de Dumouriez l'avait encore plus désorganisée. Les troupes se ressentaient aussi de l'état moral du pays. Les commissions permanentes, qui siégeaient aux armées, ne laissaient de sécurité à aucun officier : la crainte de la délation détruisait l'esprit de camaraderie ; la crainte de se faire remarquer tuait l'émulation. Naturellement, la discipline souffrait beaucoup de cet état de choses : pouvait-il en être autrement, alors qu'en pleine revue un simple maréchal des logis sortait des rangs pour dénoncer son colonel, et le voyait fusiller deux heures après ? Mais disons-le vite à l'honneur de l'armée du Rhin, elle détestait de pareils excès.

Tandis que toutes les armées étaient en retraite, et presque tous les généraux en fuite, ou sur le chemin de l'échafaud, le véritable esprit national semblait s'être concentré parmi la garnison de Mayence : là soldats, officiers, généraux et représentants, souffraient et combattaient pour la même cause, sans jalousie, sans arrière-pensée ; tous étaient enflammés d'un seul désir, celui de bien mériter de la patrie. Leur conduite héroïque obligea les alliés à réunir longtemps tous leurs efforts contre la place, et restera toujours parmi les plus beaux souvenirs de notre histoire militaire. Ils étaient vingt mille, y compris la division Schaal, qui, se trouvant coupée de la retraite de l'armée, était rentrée dans la ville. Les approvisionnements n'étaient pas proportionnés à un pareil nombre d'hommes, et les défenses, surtout celles de la rive droite, étaient encore fort incomplètes ; mais les chefs avaient la confiance du soldat et savaient lui inspirer l'énergie morale et le dévouement nécessaires à l'accomplissement d'une pareille tâche. Le savant Meunier dirigeait les travaux de la défense, Aubert-Dubayet et Kléber commandaient les troupes, enfin les deux représentants du peuple, Merlin de Thionville et Rewbell, s'étaient enfermés dans la ville, et animaient la garnison par leur présence.

Dès le début, l'ennemi fit ses préparatifs sur une vaste échelle : dix mille Hessois, renforcés bientôt par un corps autrichien, attaquaient la rive droite, tandis qu'une armée austro-prussienne, sous le général Kalkreuth, investissait Mayence même. Les Autrichiens occupaient la droite devant Weissenau, et les lignes prussiennes, dont le quartier général se trouvait à Marienbourg, s'étendaient jusqu'à Mombach et sur les îles du Rhin. Le fleuve avait servi à faire venir des arsenaux hollandais tout un matériel de siége et des pièces de gros calibre. Les alliés furent longtemps avant de pouvoir s'en servir, à cause des sorties fréquentes et énergiques des assiégés. Elles furent d'abord dirigées vers la plaine du Mein, afin d'essayer de se procurer des fourrages et des vivres ; puis sur la rive gauche du Rhin, vers les villages environnant Mayence et contre les ouvrages dans lesquels l'ennemi commençait à établir ses batteries. C'est ainsi que Weissenau, Bretzenheim et Zahlbach, furent pris, perdus, et repris plusieurs fois par les deux partis. Il faut aussi rappeler les combats sanglants que la garnison eut à soutenir sur la rive droite, pour disputer Kostheim à l'ennemi, pour compléter le fort de Mars, et pour se maintenir à la Mein-Spitze, qui était le point le plus faible de la défense. En revenant d'un de ces engagements, le général Meunier, qui avait toujours soutenu dans le conseil le système de la défense par sorties et par ouvrages avancés, eut le genou fracassé d'un coup de feu, dont il ne tarda guère à mourir. Ce fut une grande perte ; grâce à une suspension d'armes de quelques heures, il reçut les derniers honneurs des deux armées.

L'investissement durant déjà depuis le 1er avril, les assiégeants furent en état, à partir du 18 juin, d'ouvrir le feu de leurs batteries de gros calibre, et de commencer un bombardement en règle ; pendant plus d'un mois la ville fut couverte d'obus. La position des assiégés était terrible : presque sans vivres, sans nouvelles du dehors, incapables même de donner des leurs, il leur fallait combattre tous les jours et lutter contre toutes les inventions possibles de l'ennemi. Entre autres engins de destruction, celui-ci avait imaginé de construire des radeaux, ou sortes de batteries flottantes pour incendier les maisons sur le bord du fleuve ; afin de repousser l'incendie, des soldats se jetaient à la nage et allaient couper les amarres de ces radeaux ; on vit même un de ces braves ramener un bateau chargé de quatre-vingts hommes qui furent faits prisonniers. La détresse était si grande que plusieurs milliers d'habitants essayèrent de quitter la ville ; mais les assiégeants les reçurent à coups de fusil et presque tous périrent entre deux feux.

Enfin la place dut songer à capituler ; les représentants pensèrent qu'il valait mieux faire sortir les troupes que de les rendre quelques jours plus tard prisonnières de guerre. Ils n'avaient aucun avis du mouvement des armées, et par conséquent ils avaient perdu tout espoir d'être secourus. Le 22 juillet, les négociations furent entamées, et le 25 la garnison sortit avec les honneurs de la guerre, à la seule condition de ne pas porter les armes contre les alliés pendant un an. Malgré leurs privations, les soldats ne consentirent qu'avec peine à quitter la place qu'ils avaient si bien défendue : quand ils défilèrent devant l'armée prussienne aux accents de *la Marseillaise*, avec leurs figures hâves et décharnées, empreintes d'une fierté menaçante, leurs vêtements déguenillés, leurs chapeaux déformés, emportant leurs drapeaux tricolores hachés par les balles, un cri d'admiration s'éleva des rangs de l'ennemi, et le roi de Prusse, arrêtant les principaux officiers, ne put s'empêcher de les complimenter. On peut dire que la sortie de ces braves, qui conservèrent le nom de *Mayençais*, fut presque un triomphe.

Un an après, nouvel investissement de Mayence : cette fois les rôles étaient changés. La campagne de 94, préparée par l'*organisateur de la victoire*, avait balayé toute la rive gauche du Rhin : l'ennemi ne défendait plus que Mayence et Luxembourg. Carnot avait fait plus : il avait jeté les bases de la réorganisation de l'armée française ; il lui avait fourni les moyens de faire voir à l'Europe que « l'esprit guerrier qui avait animé la France dans le siècle de Louis XIV, quoiqu'il eût paru éteint à la fin du règne de son successeur, pouvait se ranimer et jeter un nouvel éclat, sous les drapeaux de la liberté (1). » Il n'y eut plus qu'une armée : Carnot lui donna un caractère uniforme et la rendit vraiment nationale. Les anciens régiments et les nouveaux bataillons de volontaires, fondus, amalgamés, devinrent des demi-brigades, qui surent bien vite attacher à leur simple numéro d'ordre la réputation qu'avaient autrefois leurs vieux noms de régiment ou de province. Tous les nouveaux corps d'officiers furent impitoyablement réformés, et les généraux ne payèrent plus de la vie le crime d'avoir déplu aux commissaires du gouvernement.

Ce sont des troupes formées d'après cette nouvelle

______

(1) Saint-Cyr.

organisation que nous trouvons campées devant Mayence pendant l'hiver de 1794 à 1795. Leur position était désavantageuse, car elles ne pouvaient pas investir complétement la place ; et la tâche de la garnison autrichienne se trouvait singulièrement facilitée par la présence de la puissante armée de Clerfayt sur le Mein. On avait beaucoup fait pour ramener la victoire sous nos drapeaux ; mais il restait beaucoup à faire encore. Aussi Kléber, venu de l'armée du Nord pour diriger les nouvelles opérations, fut-il mis, par l'absence de moyens de toute espèce, dans l'impossibilité d'entreprendre un siége régulier. Quoiqu'il eût divisé son front en deux attaques principales (1), il dut se contenter d'investir les fortifications situées sur la rive gauche du Rhin. Survint le terrible hiver de 94 à 95. Saint-Cyr déclare dans ses *Mémoires* que les troupes qui se trouvaient alors devant Mayence souffrirent plus qu'il ne vit souffrir les débris de la Grande Armée lors de la fameuse retraite de Russie ;

---

(1) Tandis qu'en 93 les alliés s'étaient approchés de la place sur la rive gauche, principalement du côté de Weissenau, dans l'automne de 1794, Kléber dirigea ses attaques du côté de Zahlbach et de Mosbach.

toutefois il remarque qu'à l'exception de quelques journées employées par les soldats à chercher, jusque dans le sol, les grains qui venaient d'y être semés, il n'y eut durant le cours de cette saison rigoureuse aucun désordre, et que, chaque fois que l'on entendait le canon, on retrouvait aussitôt tout le monde à son poste.

Au printemps, les armées étaient encore à peu près dans les mêmes positions : pour réduire Mayence, il fallait que les Français pussent traverser le Rhin ; en d'autres termes, il fallait que le sort de la campagne fût décidé en champ clos entre les armées belligérantes. Si le succès favorisait nos armes, la chute de Mayence n'était plus qu'une question de temps. Si, au contraire, nous étions vaincus ou seulement hors d'état de vaincre, Mayence restait entre les mains de l'ennemi, comme une formidable tête de pont pour faciliter toutes ses opérations sur la rive gauche. Ce n'est pas d'aujourd'hui que date la conviction que cette forteresse est la clef du cours du Rhin.

Revenons au printemps de 1795 : par la paix de Bâle, les Prussiens s'étaient retirés de la coalition, et depuis dix mois le Rhin séparait les armées françaises et autrichiennes. La République était alors maîtresse de la Hollande, que gardait l'armée du Nord (général Moreau) ; celle de Sambre-et-Meuse (général Jourdan) avait fait face au Rhin, et occupait le bas de son cours, depuis Duisbourg jusqu'aux environs de Bingen; tandis que celle de Rhin-et-Moselle (général Pichegru) étendait ses avant-postes de Landau à Bâle. Entre les deux se trouvaient les divisions chargées de bloquer Mayence. Les deux armées autrichiennes avaient une position analogue, si ce n'est que Clerfayt, opposé à Jourdan, se trouvait plus près de Mayence que son adversaire ; Wurmser, avec l'autre armée, bordait le haut Rhin depuis Bâle jusqu'au Neckar. Les deux généraux ennemis avaient environ cent cinquante mille hommes sous leurs ordres, indépendamment des vingt mille enfermés dans Mayence et dans ses dépendances. Il faut se rappeler l'éclat de la conquête de la Hollande, et la reddition de Luxembourg, pour comprendre pourquoi les Autrichiens, dont l'avantage, tant en hommes qu'en matériel, était considérable, n'avaient pas pris une offensive qui semblait leur promettre de si grands résultats.

Sans détailler les difficultés qui s'opposaient à l'entrée

en campagne des armées françaises, sans parler de la pénurie absolue dans laquelle elles se trouvaient, et des négociations secrètes de Pichegru qui paralysèrent pendant un temps son armée, il suffit de rappeler que Carnot ne dirigeait plus les opérations de la guerre, et que les plans envoyés de Paris étaient d'autant plus difficiles à exécuter que l'on n'avait pas même un seul équipage de pont : enfin il en arriva un de Hollande jusqu'à Duisbourg. Jourdan prit l'offensive, passa le Rhin près de Dusseldorf et de Neuwied, et, remontant la rive droite du fleuve, il vint s'établir sur les coteaux du Rheingau et sur les bords du Mein, pour investir Mayence. Pichegru était moins heureux : une simple sommation avait pu le rendre maître de Manheim ; mais ses divisions, mal dirigées sur Heidelberg, ayant été repoussées, la communication des deux armées impériales restait ouverte par la grande route du Rhin : Wurmser avait pu se porter devant Manheim, et Clerfayt, réunissant toutes ses forces, allait opérer contre Jourdan. Celui-ci se trouvait au nord du Mein, dans une position d'autant plus critique qu'il n'avait pas de quoi vivre. Le manque de matériel, et la présence de la flottille de l'anglais Williams, l'empêchèrent de jeter

un pont sur le Rhin au-dessous de Mayence ; la neutralité lui faisait un devoir de ne pas fourrager dans les
pays environnants, et de ne pas marcher sur Francfort, que protégeait alors le pavillon prussien. Son embarras fut à son comble, lorsque Clerfayt, ne respectant
pas la neutralité, se porta sur le cours de la Nidda (1).
Il aurait alors fallu exécuter un mouvement hardi,
quitter le siége de Mayence et marcher au-devant de
l'armée ennemie pour la combattre. Le grand Frédéric
tenta une manœuvre semblable, quand il vint du siége
de Prague au-devant du maréchal Daun ; mais il avait
laissé une partie de ses troupes devant la capitale de
la Bohême, et il fut battu à Kolin. Napoléon exécuta
la même manœuvre, mais plus complétement, en Italie,
lorsque, levant le siége de Mantoue, il écrasa l'armée
autrichienne aux journées de Castiglione. Pour agir
ainsi, il aurait fallu que l'armée de Rhin-et-Moselle se
mît également en mouvement, il aurait surtout fallu que
les deux armées fussent réunies sous les ordres d'un
général entreprenant et désireux de combattre. Ne
pouvant espérer de secours, Jourdan, de l'avis de tous

---

(1) Affluent de la rive droite du Mein.

ses généraux, se décida à la retraite et l'opéra sur trois colonnes. Seules les divisions qui bloquaient Mayence sur la rive gauche restèrent dans leurs positions, et on peut dire dans leur impuissance primitive.

Le mauvais résultat de cette campagne, que l'on doit attribuer au revers essuyé sur le Neckar et à l'immobilité coupable de Pichegru, semble prouver que, pour investir Mayence sur la rive droite, les armées françaises doivent préférer la route du sud. Toute armée venant par le nord, et surtout laissant derrière elle, comme celle de Jourdan, Ehrenbreitstein et la majeure partie du cours du Rhin aux mains de l'ennemi, rencontrera toujours des difficultés insurmontables pour ses subsistances. Si la neutralité couvrait Jourdan, elle le gênait aussi, tandis qu'en opérant principalement par la route de Manheim et de Darmstadt, les armées françaises en 1795 auraient eu l'avantage de se rapprocher des courbes du Mein, et de menacer les communications naturelles de Clerfayt et de Wurmser avec la vallée du Danube. La retraite de l'armée de Sambre-et-Meuse permit à Clerfayt de prendre à son tour l'offensive, de faire passer une grande partie de son armée par Mayence même, d'en faire lever le siége et de refouler la gauche de l'armée du Rhin sur la Pfrim (1), d'où, après quelques engagements, et malgré les mouvements de Marceau sur Creuznach et sur la Nahe, il lui fallut se retirer jusqu'à la ligne de la Queich. La reddition de Manheim termina cette triste campagne, et, en janvier 1796, un armistice suspendit les hostilités. Il ne fut pas de longue durée. Au commencement de cette même année, les armées françaises purent prendre d'éclatantes revanches.

Ce ne fut du reste qu'en 1797, lors du traité de Campo-Formio, que Mayence fut rendue à la France et devint le chef-lieu du département de Mont-Tonnerre. Mayence prit encore une certaine part aux guerres de l'Empire, mais ce fut une part toute passive. Elle était la route principale des armées françaises qui marchaient à la conquête de l'Europe centrale et orientale, mais qui aussi allaient s'y engloutir. Ainsi, lorsqu'en 1805 l'Empereur rassembla pour la première fois la Grande Armée, afin de battre les Autrichiens dans la haute vallée du Danube et de les faire

---

(1) La Pfrim prend sa source au mont Tonnerre et se jette dans le Rhin à Worms.

capituler à Ulm, ce fut par Mayence que passa le second corps (Marmont). En 1807, Mayence devint la
base de cette grande concentration opérée en avant
de la ligne du Rhin à Wurzburg, et qui devait, par la
campagne la plus rapide que l'on pût imaginer, anéantir
en quelques jours l'armée prussienne, aux champs
d'Iéna et d'Auerstædt. Dans les campagnes suivantes,
qui conduisirent l'armée française soit à Ratisbonne,
soit à Wagram, soit en Pologne et en Russie, Mayence
était trop éloignée du théâtre des opérations pour en
être même le point de départ : elle n'était plus qu'un
poste tout à fait intérieur. En 1813, la terrible retraite
de Russie, et le mouvement irrésistible de cette masse
de peuples soulevés contre l'oppression du gouvernement impérial, commencèrent à remettre Mayence en
jeu. Le sort de nos armes avait été décidé dans les
sanglantes plaines de Dresde et de Leipzig ; mais, par
un vigoureux combat livré en avant de Mayence, à
Hanau, où les Bavarois étaient venus pour barrer le
chemin aux débris de la Grande Armée, la garde, toujours aussi brave, toujours aussi belle dans les moments critiques, rejeta l'ennemi dans le Mein et assura
notre retraite au delà du Rhin. Mayence elle-même ne

participa plus aux gloires de la patrie et à ce que l'on peut appeler le beau côté de la guerre ; elle ne tarda pas, au contraire, à en voir la triste face et à en connaître toutes les horreurs. Les autorités françaises établies dans la place n'avaient alors que la pénible tâche de recueillir les restes de la Grande Armée, d'arrêter cette foule en désordre qui arrivait vers le Rhin sous le nom d'armée des fricoteurs, enfin d'équiper, d'approvisionner tant bien que mal, et d'envoyer à une dernière bataille, tout ce que la France avait encore d'hommes ou d'enfants valides. Bientôt le typhus désola la ville, et durant l'hiver de 1813 à 1814 il y fit d'affreux ravages. Les portes de Mayence se fermèrent pour la dernière fois pendant le printemps qui suivit, lors du passage du Rhin par les alliés, et le général Morand ne rendit la place qu'après la capitulation de Paris. Le congrès de Vienne fit de Mayence une forteresse fédérale ; elle eut jusqu'en 1866 une garnison mixte autrichienne et prussienne. La ville ayant été neutralisée par un commun accord en 1866, il ne put être question d'en faire la conquête durant la guerre de cette année. Actuellement elle appartient à la confédération du nord de l'Allemagne, et la

Prusse y entretient une garnison d'environ dix mille hommes.

On a pu voir que les faits expliquent l'importance qui a toujours été attachée à Mayence. Résumons l'histoire de cette place dans les guerres que nous avons soutenues depuis 1792. Ce fut presque toujours aux environs de la ville que les armées ennemies, marchant pour envahir notre patrie, passèrent le Rhin. Tant que la France ne fit qu'une guerre défensive, Mayence fut le gage le plus assuré de la sécurité de notre frontière. Lorsque la France, sous le Consulat à vie et sous l'Empire, passa à l'offensive, Mayence fut une des principales bases de nos opérations, et la plaine du Mein, que commande cette ville, le point choisi par le plus grand génie guerrier des temps modernes pour la concentration de ses armées.

Bien que Coblence n'ait pas tenu dans notre histoire militaire une aussi grande place que Mayence, pourtant, depuis que cette forteresse appartient à la Prusse, des additions si considérables y ont été faites, qu'il est impossible de ne pas la regarder maintenant comme une position de premier ordre.

Les Romains avaient reconnu l'importance du confluent de la Moselle (1), et c'est là que se réunissaient plusieurs de leurs routes militaires. On voit peu figurer le nom de Coblence dans les guerres qui suivirent l'époque romaine. Ce silence tient probablement à la manière même dont on combattait autrefois dans ces contrées : les points importants y furent longtemps les châteaux situés sur des rochers presque inaccessibles et commandant le cours du Rhin, ce qui permettait à leurs fiers possesseurs, évêques ou seigneurs laïques, d'établir des droits de péage, et de rançonner marchands et voyageurs. C'est depuis que la Prusse a fait de Coblence son centre militaire sur la ligne du Rhin, que cette ville a pris une très-grande valeur stratégique. Sa situation a une certaine analogie avec celle de Mayence; seulement les fortifications qui dépendent de Coblence commandent

la fois et le cours du Rhin, et le commencement dés vallées de deux rivières importantes, la Lahn et la Moselle; et cela dans un pays de montagnes où, naturellement, il n'est pas facile de trouver des

_______________

(1) D'où le nom même de Coblence.

débouchés. Comme à Mayence, les deux rives du Rhin sont reliées entre elles par un pont de bateaux et par un pont de chemin de fer. Malgré ces ressemblances, le système des défenses de Coblence est différent de celui de Mayence, et paraît mieux en rapport avec les modernes idées de guerre. En effet, les fortifications de la place elle-même, dont les portes semblent encore indiquer une origine romaine, sont peu importantes; mais il y a sur l'Ehrenbreitstein, la Chartreuse et le Petersberg, un système de grands forts et d'ouvrages détachés, qui permettent de faire camper près de cent mille hommes dans leurs intervalles, et qui pourraient servir de point d'appui à une armée bien plus considérable.

La forteresse d'Ehrenbreitstein, que l'on considère comme la citadelle de Coblence, est située au haut d'une montagne s'élevant à pic sur la rive droite du Rhin, juste en face de l'embouchure de la Moselle : au sud, un vallon donne passage à un petit ruisseau qui sépare la forteresse des autres montagnes, de sorte qu'elle est sur un promontoire relié uniquement du côté nord-est aux hauteurs environnantes, sur lesquelles se trouvent aussi plusieurs ouvrages avancés.

C'est le seul point par lequel le fort soit accessible ; mais on se demande si, avec les portées actuelles de l'artillerie, on ne pourrait pas de la rive gauche du Rhin démolir toutes ses maçonneries. De l'autre côté du ruisseau, et sur une pointe de montagne qui s'avance plus près de l'embouchure de la Lahn, se trouve encore un ouvrage dépendant d'Ehrenbreitstein. Cette ancienne forteresse a toujours joui d'une très-grande réputation, alors même que les fortifications de Coblence existaient à peine. On raconte qu'elle ne fut prise que deux fois, et encore seulement par trahison ou par famine : en 1631 un traître y introduisit les Français, et en 1637 ceux-ci ne se rendirent à Jean de Wert qu'après avoir été réduits à faire bouillir et à manger les cuirs de leurs selles. Durant les guerres de la Révolution, une division fut suffisante pour investir le fort, qui nous ouvrit ses portes en 1799. Maintenant Ehrenbreitstein n'a d'importance que comme faisant partie des défenses de Coblence, qui se trouvent presque toutes sous son canon.

Le vrai boulevard de cette place de guerre est le grand ouvrage, ou plutôt la citadelle, située sur une hauteur derrière la Chartreuse, et que l'on appelle le fort Alexandre. Non-seulement il domine et il masque la ville, mais il commande surtout la route de Trèves et le cours de la Moselle, qui décrit une certaine courbe pour venir se jeter dans le Rhin.

Enfin, de l'autre côté de la Moselle se trouve le Petersberg, hauteur peu élevée, mais couronnée par un grand ouvrage à la forme allongée : c'est le fort François (1), qui est flanqué de plusieurs lunettes détachées. Ces fortifications commandent la plaine de Neuwied, le bas du cours du Rhin et la route de Cologne.

Près de là se trouvent deux tombes illustres, celles de Marceau et de Hoche. A leur vue le cœur du voyageur se serre : il s'en éloigne tout ému à la pensée qu'il laisse les cendres des grands hommes de sa patrie semées de la sorte sur la terre étrangère; et lorsqu'il est de ceux qui aspirent au généreux triomphe des idées libérales, il se demande, en pré-

---

(1) Le fort François s'appelait autrefois fort Marceau, à cause de la tombe de ce général. Quand le fort fut agrandi, le roi de Prusse fit soigneusement transporter le monument du général français, respectant aussi l'inscription que l'on y avait mise : « Qui que tu sois, ami ou ennemi, de ce jeune héros respecte « les cendres. »

sence de ces tombes, quelle eût été la grandeur de la
France, si, régénérée par la Révolution et échappant
au despotisme, elle avait pu confier ses destinées à des
âmes si pures. Le poëte français salue en passant
ces deux glorieux et tristes monuments ; l'étranger
lui-même les chante dans ses vers (1). Les morts pré-
maturées de Marceau et de Hoche inspirent de justes
regrets ; et cependant, parmi les héros de ce temps,

---

(1) Victor Hugo, *Le Rhin*, t. I, p. 112.— Byron, *Childe Harold's
Pilgrimage* (chant III, 56, 57) :

« By Coblentz, on a rise of gentle ground,
There is a small and simple pyramid,
Crowning the summit of the verdant mound ;
Beneath its base are heroes ashes hid,
Our enemy's — but let not that forbid
Honour to Marceau ! o'er whose early tomb
Tears, big tears, gush'd from the rough soldier's lid.
Lamenting and yet envying such a doom,
Falling for France, whose rights he battled to resume.

Brief, brave, and glorious was his young career,
His mourners were two hosts, his friends and foes ;
And fitly may the stranger lingering here,
Pray for his gallant spirit's bright repose ;
For he was Freedom's champion, one of those,
The few in number, who had not o'erstept
The charter to chastise which she bestows
On such as wield her weapons : he had kept
The whiteness of his soul, and thus men o'er him wept. »

ne faut-il pas regarder comme les plus heureux ceux qui, toujours en présence de l'ennemi, n'eurent sous les yeux que le côté de la Révolution qui brille d'un éclat sans tache, et ne virent pas ce qui suivit? M. Thiers a très-bien dit qu'il « vaut mieux, pour la « gloire de Hoche, Kléber, Desaix, de n'être pas « devenus des maréchaux : ils ont eu l'honneur de « mourir citoyens et libres. »

Tandis que la tombe de Marceau, déplacée par suite des travaux des fortifications, s'élève actuellement entre la grande route et les glacis du fort qui portait anciennement son nom, celle de Hoche, située à l'autre extrémité de la plaine, est tout près de Weissenthurm, non loin d'Andernach. Tous les deux sont morts sur l'autre rive du Rhin.

Marceau, après s'être engagé tout jeune, après avoir été nommé, sur la recommandation de Kléber, général en chef de l'armée de l'Ouest, à la tête de laquelle il gagna la bataille du Mans, Marceau commandait depuis quelque temps une division, souvent même un corps détaché, de l'armée de Sambre-et-Meuse. Partout et toujours il avait réussi à se faire aimer et estimer de tous : son désintéressement et son patriotisme lui gagnaient les cœurs des officiers comme des soldats ; il se faisait adorer de ceux-ci par sa simplicité et par le soin qu'il prenait d'eux ; sa loyauté et sa générosité commandaient l'admiration des ennemis mêmes qu'il allait combattre ; enfin, ceux qui n'avaient combattu ni avec lui ni en face de lui le connaissaient de réputation, et s'intéressaient à sa bravoure, à sa beauté et à sa jeunesse. Les deux rives du Rhin entre Mayence et Coblence, et les bords de la Moselle et de la Lahn, furent le principal théâtre des combats dans lesquels il se trouva engagé en 94, 95 et 96. Pendant ces trois années de campagnes continuelles, il se montrait toujours au poste le plus dangereux. Il était avec Kléber, en octobre 1795, lorsque, durant la retraite de l'armée, les flammes ayant détruit le pont de Neuwied, tous deux s'efforcèrent de maintenir l'ennemi avec une faible arrière-garde, peu de cartouches et nulle artillerie ; leur fermeté, pendant les trente heures nécessaires pour rétablir le pont, soutint ce combat inégal, et arracha aux soldats le cri de « Vivent nos généraux ! ils ne nous abandonnent pas ! »

Laissé pendant la campagne de 1796 au commandement du corps d'observation de Mayence, Marceau reçut, après la bataille de Wurzbourg, l'ordre de rejoindre l'armée de Sambre-et-Meuse pour en protéger la retraite. Il la rallia sur la Lahn, près de Limbourg. Jourdan se retirait sur trois colonnes devant les forces réunies de l'archiduc Charles et du général Wartensleben; la gauche et le centre français passaient aux environs de Giessen, et en repoussaient l'ennemi (18 septembre), tandis que la droite devait se retirer par Limbourg : cette aile formait le pivot de l'armée pour se replier sur le Rhin. C'était là le point important que Marceau devait protéger ; mais c'était aussi là que l'archiduc avait concentré ses principales forces, afin d'essayer de couper l'armée de Sambre-et-Meuse de sa tête de pont de Neuwied. Malgré l'infériorité numérique de sa troupe, se mettant lui-même à la tête de ses braves bataillons, Marceau reprit trois fois Limbourg, et finit par l'occuper. Mais l'ennemi avait passé la rivière à Dietz (1) : il était donc maître du cours de la basse Lahn, et il fallut abandonner cette ligne. Marceau évacua Limbourg et se retira

______

(1) Entre Limbourg et l'embouchure de la Lahn.

lentement sur Mosberg ; à cet instant il se vit presque entouré ; sa droite était complétement débordée : cependant rien ne put l'ébranler ; il communiqua son sang-froid à ses hommes, donna au reste de l'armée le temps d'opérer sa retraite, et, sans s'être laissé entamer, il déboucha le 19 de la forêt de Hochbach en avant d'Altenkirchen (1). Près de cette petite ville se trouve un défilé que l'armée n'avait encore pu passer tout entière. Jourdan prévient Marceau qu'à tout prix il faut qu'il tienne quelques heures de plus. Le jeune général fait faire volte-face à ses hommes pour les ramener à l'ennemi, et, pendant qu'il examine la position, afin d'entreprendre un retour offensif, un chasseur tyrolien, qu'il n'a pas aperçu, fait feu sur lui. Marceau ne dit rien, mais, à une centaine de pas plus loin, il se fait descendre de cheval : il était mortellement blessé. Ses soldats se précipitent sur les Autrichiens pour venger leur chef ; mais, la retraite devant continuer, Marceau, dont la blessure ne permettait pas de le transporter, resta à Altenkirchen,

---

(1) Endroit déjà célèbre par le combat du 4 juin 1796. Ces mêmes positions d'Altenkirchen furent de nouveau enlevées par le général Championnet, le 16 avril 1797.

confié à la générosité de l'ennemi, avec un chirurgien et un aide de camp. Il n'eut qu'à se louer du traitement des Autrichiens, et rien n'est touchant comme les marques d'estime et d'admiration dont il fut l'objet de la part de tous. Il expira le 21 septembre, et son corps, renvoyé à l'armée française, reçut les honneurs militaires, non-seulement de ses compagnons éplorés, mais aussi de la garnison d'Ehrenbreitstein.

L'endroit où s'élève le tombeau de Hoche domine, de la rive opposée, le terrain d'un de ses beaux triomphes : le passage du Rhin en 1797 et la victoire de Neuwied. Cette ville est située sur la rive droite du Rhin, à l'embouchure de la Wiedbach, là où se termine une petite plaine qui commence un peu au-dessous d'Ehrenbreitstein, et qui est entourée par le grand arc de cercle que décrivent les montagnes. Une ondulation légère, formant un plateau parallèle au Rhin, donne deux niveaux différents à cette plaine. En face, sur la rive gauche, se trouve également une étendue de terrain plat qui commence près de Coblence, derrière le Petersberg, et qui s'étend jusqu'à la charmante ville d'Andernach, située un peu plus loin que Weissenthurm, et qui en est séparée par un cours d'eau, la Nette. Entre Neuwied et Weissenthurm se trouve une île assez grande, des deux côtés de laquelle le cours du Rhin est régulier, quoique assez rapide ; les berges ne sont pas trop escarpées. Toutes ces circonstances, et surtout l'existence de ces deux plaines, qui permettent à une armée soit de se masser, soit de se déployer sur chacune des deux rives, rendent cet endroit (1) très-favorable pour les opérations militaires : aussi l'armée de Sambre-et-Meuse, durant toutes ses campagnes sur le Rhin, eut toujours à Neuwied un ou deux ponts, qu'elle défendit même par quelques ouvrages, placés principalement sur l'île. Pendant l'hiver de 1796 à 1797, les Autrichiens couvrirent le plateau situé derrière Neuwied d'une ligne de redoutes qui s'appuyait à une sorte de petit camp retranché construit au village de Heidersdorf, sur la Wiedbach, et qui se terminait à Zollengers, à peu près à l'endroit où l'on voit le

---

(1) Près de là se trouve le vil'age d'Engers. On a longtemps cru que le village de Weissenthurm (*Turris Alba*) était l'endroit choisi par César pour exécuter son premier passage du Rhin. Il paraîtrait pourtant, d'après les recherches les plus récentes sur l'histoire de Jules César, que ce passage eut lieu plus bas, près de Bonn, et que son second passage (deux ans plus tard se fit presque au même endroit.

Rhin décrire un coude. Ils en avaient encore une seconde qui, partant également de Heidersdorf, courait sur les hauteurs perpendiculairement au Rhin jusqu'à l'abbaye de Romersdorf, derrière Gladbach.

Depuis l'automne de 1796, l'armée de Sambre-et-Meuse avait été rejetée sur la rive gauche du Rhin, et son général en chef, Beurnonville, venait d'être remplacé par Hoche. Celui-ci, malgré tous les obstacles qu'il avait à vaincre, était bien résolu à reprendre l'offensive, dès que la saison le permettrait ; mais le passage du fleuve en présence de l'ennemi, et l'attaque de ses redoutables positions n'étaient pas la principale difficulté que Hoche eût à surmonter : l'état de l'armée qu'il venait d'être appelé à commander en offrait bien d'autres. La défaite qu'elle venait d'essuyer à Wurzbourg, sa longue retraite et le changement des chefs qui s'étaient succédé à sa tête, l'avaient troublée et découragée, tandis que les nombreux abus commis dans son administration avaient anéanti ses ressources. Aussi Beurnonville avait-il toujours répondu au Directoire, qui le pressait d'agir, qu'il ne pouvait se mettre ainsi en campagne pour traverser des déserts. Hoche pouvait mieux qu'un autre vaincre ces difficultés :

habile administrateur, il avait mérité la confiance du
gouvernement, et il possédait l'autorité nécessaire pour
trancher dans le vif. Il ne tarda pas à reconnaître la
cause du mal que tout le monde déplorait : sa corres-
pondance le prouve. « J'avais lu, écrivait-il au Direc-
« toire, que le roi de Prusse, de vénérable mémoire,
« avait fait bâtir des palais avec les deniers que lui avait
« procurés la guerre. Je ne concevais pas, après tant de
« conquêtes, comment nous étions obligés de vendre
« nos maisons pour subvenir aux frais que nécessite
« la défense de la liberté. Je suis éclairé maintenant.
« Quels trésors, quelles mines pourraient jamais four-
« nir aux dépenses scandaleuses de quelques-uns de
« nos militaires, aux superbes trains de nos fournis-
« seurs, aux maisons brillantes de nos commissaires
« de toutes les classes, de nos employés de tous les
« étages ? Faut-il s'en étonner ? la fortune publique
« est passée entre leurs mains, et, au milieu de ce
« fracas brillant, les défenseurs de la patrie vont nu-
« pieds, manquent du strict nécessaire, et dans les
« hôpitaux meurent faute de bouillon ou de tisane.
« O vertu ! ô nature du soldat français ! » Mais
Hoche ne se contenta pas d'indiquer et de combattre

le mal : il le répara aussitôt. Ayant supprimé les administrations ruineuses qui appauvrissaient l'armée, il réintégra dans tous les pays conquis les administrations locales, et les chargea directement d'assurer la subsistance de ses troupes : « Personne, disait-il, ne fera fortune sous peine d'être fusillé. »

Non-seulement il fournit au nécessaire et sut ramener l'abondance dans l'armée : il y rétablit aussi la discipline. Sa venue avait suffi à inspirer la confiance : les vieux soldats de l'armée de la Moselle se souvenaient que c'était lui qui les avait guidés à l'assaut de Wissembourg, à la délivrance de Landau ; ceux qui avaient servi sous ses ordres dans l'Ouest, vantaient son coup d'œil et la promptitude de ses manœuvres ; tous l'aimaient parce qu'il se montrait entreprenant, juste, et vrai patriote ; il était, disait-on, « jeune comme la Révolution, robuste comme le « peuple. »

L'armée était habilement réorganisée, les divisions pourvues de chefs excellents : aussi l'action ne tarda pas commencer. La gauche (Championnet) occupait le camp retranché de Dusseldorf, tandis que le centre (Grenier) et la droite (Lefèvre) avaient été réunis en arrière de Neuwied. Pour donner le change aux Autrichiens, la gauche prend la première l'offensive, Championnet quitte Dusseldorf, se porte sur la ligne de la Sieg, et fait même passer cette rivière à son avant-garde, le 17 avril. Ce premier mouvement troubla l'ennemi : le général Werneck, indécis, se porta à la rencontre de Championnet, et laissa au général Kray le soin de défendre les redoutes de Neuwied. Mais le lendemain (18 avril), à la pointe du jour, Hoche débouche, avec le gros de son armée, par les deux ponts. Il parcourt la ligne de ses bataillons et leur montrant les mamelons d'où partent les projectiles ennemis : « A mille francs la pièce, » s'écrie-t-il. — « Adjugé ! » répondent les soldats, et le combat s'engage. La droite file le long du Rhin et emporte les redoutes qui s'appuyaient au fleuve près de Zollergers, tandis que le centre, précédé des grenadiers de Bastoul, marche sur l'autre extrémité de la ligne, et enlève à la baïonnette les retranchements de Heidersdorf. Les ouvrages du centre ennemi ne tinrent pas longtemps, ayant été tournés dès le début par la division de hussards, qui, dirigée par Ney, fit des prodiges. Deux redoutes fermées à la gorge se défendaient encore :

l'une d'elles ne fut emportée qu'après trois assauts consécutifs, et un obus ayant fait sauter le magasin à poudre de l'autre, toute la ligne se trouva en notre pouvoir. La cavalerie, bien commandée par Ney, Richepance et Klein, se mit aussitôt à la poursuite de l'ennemi. Bientôt celui-ci, qui se retirait sur Altenkirchen, sembla vouloir s'arrêter : le gros de l'armée autrichienne, sous le général Werneck, venait de rejoindre les débris du corps de Kray. Malgré la disproportion des forces, Ney les attaque avec ses escadrons, soutenus par quelques batteries d'artillerie ; peu après, l'infanterie arrive à son secours, et la victoire est une seconde fois à l'armée française, qui ne s'arrête que bien au delà d'Altenkirchen. Quatre mille prisonniers, six drapeaux, vingt-sept canons et soixante caissons furent les trophées de cette belle journée, qui força le général Werneck d'abandonner ses positions, et permit à Championnet de rallier le gros de l'armée. Ainsi un jour avait suffi pour passer le Rhin, battre les Autrichiens, les désorganiser, et les contraindre à se retirer dans toutes les directions.

Le général Werneck espérait rencontrer sur la Lahn sa réserve restée près de Mayence ; mais il fut prévenu par Ney à Limbourg. Il se dirigea alors sur Wetzlar et Giessen; l'armée française, faisant face à l'est, le poursuivit dans cette direction. Il se retira de nouveau sur le cours de la Nidda, et notre cavalerie était déjà devant les portes de Francfort, déjà même Championnet, menaçant le flanc droit des Autrichiens, ne leur laissait plus que la route de Wurzbourg comme seule retraite, lorsque la nouvelle des préliminaires de Léoben arrêta Hoche dans ses brillants succès (23 avril). Le cours de la Nidda servit de ligne de séparation aux deux armées, qui, en attendant la signature de la paix, se préparèrent à rentrer en campagne. L'archiduc Charles accourut de Léoben pour réparer les fautes de ses lieutenants, et, de notre côté, Hoche reçut le commandement des deux armées de Sambre-et-Meuse et de Rhin-et-Moselle. Il ne devait pas l'exercer activement : quelques mois après, le 19 septembre, il succombait à Wetzlar en proie à d'atroces souffrances; un feu dévorant semblait s'être emparé de lui, ce qui fit soupçonner un empoisonnement. Les divers partis qui conspiraient alors contre la liberté de la France furent accusés de cette mort, probablement naturelle, mais qui privait le gouvernement républicain d'un de ses principaux appuis. Les bannières placées autrefois sur le tombeau de Hoche portaient inscrits ces mots, qui résument bien sa belle carrière : « Général en chef à « vingt-quatre ans, il débloqua Landau, il pacifia la « Vendée, il vainquit à Neuwied, il chassa les fripons « de l'armée, il déjoua les conspirateurs. »

Cette campagne fut aussi la dernière d'une des plus vaillantes armées de la République : après la paix de Campo-Formio, signée quelques jours plus tard, l'armée de Sambre-et-Meuse fut démembrée. De 1793 à 1797, elle avait combattu à Charleroi, à Fleurus, à Juliers, à Duren, à Altenkirchen, à Wetzlar, à Ukerath, à Wurzbourg, et enfin à Neuwied. Depuis qu'elle était sur le Rhin, elle remplissait une tâche ingrate; mais elle avait su l'accomplir noblement. Longtemps après, soit sur les bords de la Limmat, soit dans les forêts de Hohenlinden, soit même aux bivouacs de la Grande Armée, plus d'un vétéran, voulant faire l'éloge d'un camarade, se contentait de dire ces simples paroles : « Il était de l'armée de Sambre-et-Meuse. »

# IV

## LES BRANCHES DU RHIN EN HOLLANDE. TOLLHUIS. NIMÈGUE.

## IV


LES BRANCHES DU RHIN EN HOLLANDE.

TOLLHUIS. NIMÈGUE.


Quand le Rhin quitte l'Allemagne, il n'est plus, à
proprement parler, un seul fleuve. Avant d'arriver
avec lui à la mer du Nord, nous le verrons peu à peu
diminuer d'importance et perdre jusqu'à son nom. A
partir de l'endroit où il commence à se diriger vers
l'ouest, il cesse d'être une ligne stratégique pour les
armées françaises. Aussi, son cours a-t-il un moindre
intérêt pour le militaire, quoique pour le touriste,
pour l'artiste, ou pour le chasseur, il y ait peu de
pays dans lesquels on voyage plus agréablement que

dans la Hollande, le dernier qu'il arrose. N'en déplaise à Voltaire (1), la Hollande mérite le respect de l'étranger. J'admire surtout dans cette petite monarchie l'absence apparente de tout gouvernement. Le peuple hollandais, par ses coutumes, son langage et sa situation géographique, est en dehors de la sphère où s'étend notre action immédiate. Nos armées n'ont jamais été appelées aux frontières de la Hollande par des nécessités de défense nationale; elles n'y ont paru que par exception, lorsque, pour des raisons plus ou moins bonnes, elles ont voulu faire la conquête de ce pays. Il y a eu deux expéditions principales dirigées par la France contre la Hollande. Toutes deux ayant entraîné nécessairement un passage du Rhin, nous voudrions en rappeler rapidement le souvenir. L'une et l'autre sont restées fameuses dans nos annales à cause de la difficulté que présentera toujours l'invasion d'un pays qui peut, d'un moment à l'autre, être submergé, et que l'on n'atteint qu'en traversant une infinité de canaux et de rivières.

---

(1) Quittant la Hollande, Voltaire, dans un de ces moments d'humeur assez fréquents chez lui, avait dit : « Adieu, pays de canards, de canaux et de canailles! »

Dans la première de ces campagnes, une sécheresse excessive nous servit à souhait, et permit à la cavalerie française de traverser le Rhin par un coup d'éclat, qui toutefois ne fut pas suivi d'une conquête complète ; dans la seconde, la glace devint un puissant auxiliaire pour l'armée républicaine, qui d'ailleurs, appelant la révolution à son aide, remporta un entier succès.

A partir de la frontière hollandaise, le Rhin se divise en plusieurs bras, dont les uns sont canalisés, tandis que les autres se joignent à de moindres rivières, et se confondent avec les bouches de la Meuse. Autrefois la première bifurcation du Rhin était tout près d'Emmerich, en face de l'ancienne forteresse de Schenkenschanz, qui, dominant le cours des deux Rhins, était considérée comme la clef des Pays-Bas. Aujourd'hui ses eaux se séparent un peu plus bas, au delà de Lorith, à peu près à égale distance d'Emmerich et de Nimègue.

La branche de droite conserve son nom de Rhin, et coule directement au nord jusqu'à Arnheim, d'où un canal la conduit par l'Yssel, à travers la Gueldre, dans le Zuydersee. Après Arnheim, elle tourne à l'ouest et

ne tarde pas à se diviser en de nouvelles branches :
la principale, sous le nom de Lech, va rejoindre à
Rotterdam les bras de la Meuse ; des deux autres,
l'une se réunit à l'Amstel, qui donne son nom à la
principale ville du pays, la commerçante et riche
Amsterdam ; l'autre, après avoir fourni les eaux des
nombreux canaux de la belle ville d'Utrecht et de
l'antique cité de Leyde, fameuse par ses imprimeurs,
allait autrefois se perdre dans les dunes ; mais elle
est aujourd'hui conduite par un canal à la mer du
Nord.

Si l'on veut suivre la branche sud du fleuve, on la
voit bientôt se diriger, sous le nom de Wahal, droit à
l'ouest. Ses eaux, à partir de Nimègue, coulent parallèlement à celles de la Meuse, dont elles ne sont
guère éloignées, et avec lesquelles elles communiquent une première fois près de Saint-André. Elles
se séparent de nouveau pour former la grande île de
Bommel, terminée par le fort de Lœwenstein, se réunissent une seconde fois en face de Gœrrinchen (Gorcum) pour passer devant Dortrecht, et donnent naissance à ces vastes estuaires qui les conduisent à la
mer par quatre ou cinq voies différentes, communi-

quant toutes entre elles, communiquant même avec les bouches de l'Escaut, et formant une foule de petites mers intérieures, et un réseau de lignes navigables depuis Anvers jusqu'à Rotterdam. Le cours du Wahal est la principale défense de la Hollande du côté du sud. Plusieurs places fortes le bordent : Gœrrinchen, Saint-André et Nimègue, sont les principales. D'autres défendent ses approches et forment comme une ligne avancée : telles sont Berg-op-Zoom (1)

---

(1) Le tracé de Berg-op-Zoom est considéré comme le chef-d'œuvre du baron Coehorn, qui fut chargé de le rectifier en 1688. Parmi les principaux siéges soutenus par cette fameuse forteresse, il faut citer d'abord celui de 1588 : l'Anglais Morgan défendait la ville contre les Espagnols, qui ne purent s'en emparer. En 1632, les Espagnols ne furent pas plus heureux, ce qui fit donner à Berg-op-Zoom le surnom de la Pucelle. Enfin, en 1747 (du 11 juillet au 21 septembre), l'armée française emporta la place d'assaut, et le comte de Lœwendhal reçut en récompense le bâton de maréchal de France. (Voltaire, *Précis du siècle de Louis XV*, chap 26.) — Il faut encore rappeler la magnifique défense de Berg-op-Zoom en 1814, alors que la garnison, forte de 2700 hommes, composée de troupes de marine, de gendarmes et de recrues, et commandée par le général Bizannet, repoussa l'attaque du général Cooke et de ses 3950 soldats d'élite. Les Anglais étaient parvenus, dans la nuit du 8 au 9 mars, à s'emparer par surprise de plus de la moitié des bastions et de deux des portes de la ville ; mais ils ne purent déboucher sur la grande place. La garnison, se formant en trois colonnes,

tout près de la mer, Breda (1) sur la Mark, Bois-le-Duc sur la Dommel, Grave (2) et Wenloo sur la Meuse, qui dans le haut de son cours est encore protégée par la grande place de Mæstricht. Mais l'eau est le principal moyen de défense de la Hollande, et cet élément est bien plus efficace que toutes les fortifications imaginables. En effet, par un système d'irrigations et de canaux, on peut inonder les approches de presque

---

les obligea, soit à se rendre, soit à se retirer. Les Anglais perdirent dans cette nuit trois drapeaux et un grand nombre de prisonniers ; tous leurs principaux officiers furent blessés. Actuellement on détruit les fortifications de Berg-op-Zoom.

(1) Breda soutint bien des siéges. Le 15 mars 1590, les Hollandais, sous le prince Maurice de Nassau, enlevèrent la place aux Espagnols par ruse. Mais le principal siége fut exécuté en 1625 par l'armée espagnole du marquis Spinola ; celui-ci avait d'abord objecté la difficulté d'enlever une pareille forteresse, mais, pour toute réponse à sa dépêche, il avait reçu de Philippe II ce simple billet « Marquis, prenez Breda. Moi, le Roi. » Dix mois après, il entrait dans Breda. Le général Darion, de l'armée de Dumouriez, prit la ville le 24 février 1793 ; elle fut évacuée après Neerwinde.

(2) Grave fut pris par Charles de Mansfeld en 1516 ; le gouverneur anglais (baron Henert), qui laissa prendre la place, eut la tête tranchée par ordre de Leicester, qui commandait l'armée de secours. Le 29 septembre 1602, Maurice de Nassau s'empara à son tour de cette ville, qui, plus tard en 1674, ne se rendit au prince d'Orange, qu'après une défense des plus honorables pour son gouverneur Chamilly.

toutes les villes qui se trouvent au nord du Wahal. C'est la ligne de ce fleuve qui força Louis XIV à descendre le long du Rhin, et à entrer en Hollande du côté de l'est ; cette même ligne fit échouer l'expédition projetée par Dumouriez en 1793, parce qu'il n'eut pas le temps de rassembler les bateaux nécessaires au passage de la mer de Bielbos ; enfin ce fut elle encore qui, après avoir arrêté Pichegru en 1794, fut franchie par son armée, quelques semaines plus tard, grâce seulement à la rigueur inouïe de cet hiver.

Bien que le fameux passage du Rhin en 1672 n'ait été exécuté que sur un de ses bras (1), bien que Napoléon le regarde comme une opération de quatrième ordre, cependant la présence de Louis XIV, du prince de Condé et du maréchal de Turenne à l'armée qui envahit les Pays-Bas, le renom que la poésie et les arts ont donné à ce passage, et les résultats immédiats qu'il procura, lui prêtent un éclat tout particulier. Cette guerre, dont la pensée fut souvent reprochée à Louis XIV, offre aussi, à un autre point de vue, un puissant intérêt pour

---

(1) Les changements survenus dans le cours du fleuve font croire que le lit actuel n'est pas celui qui fut traversé par l'armée française.

notre histoire militaire : la belle armée qui allait se mettre en campagne, et marcher sous les ordres du grand Roi dans ce qu'il appelait fièrement « son voyage de Hollande », était due à Louvois, dont les labeurs n'avaient encore rien produit de si complet. Pour la première fois, un ministre avait pu remettre au souverain un état détaillé de l'effectif de ses troupes (1) ; pour la première fois aussi, on allait essayer dans la pratique la nouvelle organisation introduite par ce ministre (2). Ce système de centralisation militaire, qui avait commencé à faire passer des mains des particuliers dans celles du Roi la composition et, pour ainsi dire, la possession même de l'armée, a duré jusqu'en 1792. Depuis il a subi de nombreuses modifications, grâce au génie des Carnot et des Saint-Cyr ; il en subit encore de nos jours, mais certaines traces subsistent, et dans les organisations présentes on peut toujours retrouver la pensée de Louvois (3).

D'après le plan de campagne, arrêté à l'avance, les

(1) L'armée de Hollande se composait de 91,000 fantassins, 28,000 cavaliers et 27 bouches à feu. (*État du* 17 *février* 1672.)

(2) Voyez l'*Histoire de Louvois*, par M. C. Rousset.

3) Voyez *Les Institutions militaires de la France, Louvois, Carnot, Saint-Cyr*, Michel Lévy, 1867.

places fortes du Rhin devaient être les premières
attaquées. En conséquence, le prince de Condé, avec
environ vingt-cinq mille hommes, passa successivement
la Meuse, l'Erft et le Rhin, et redescendit sur la rive
droite du fleuve, traversant la Ruhr, tandis que le maréchal de Turenne amenait l'armée du Roi sur la rive
gauche du Rhin. Les Hollandais avaient confié leur
défense au prince d'Orange ; mais son armée active
n'excédait guère trente mille hommes, la majeure
partie de ses forces ayant été disséminée dans toutes
les places situées sur le bord des fleuves. Le prince
se tenait dans son camp retranché derrière l'Yssel,
prêt à secourir le point le plus menacé. Ce système
défensif pouvait être excellent, si les garnisons eussent
montré une certaine fermeté ; mais aucune forteresse
ne résista longtemps aux armées françaises : Wesel,
qui aurait pu les arrêter un mois, ouvrit ses portes au
bout de trois jours. Condé, s'étant emparé du fort qui
commande l'embouchure de la Lippe, s'en servit pour
inquiéter la ville ; il avait refusé aux dames de Wesel
la permission d'en sortir (1), et les habitants, en

_________________

(1) Les dames de Wesel écrivirent à Condé pour le supplier

pleine révolte, obligèrent le gouverneur à capituler. En même temps, Orsoy et Rheinberg (1) se rendaient au roi et Turenne prenait Burick.

Ces succès rapides permirent à Louis XIV de s'avancer dans la Gueldre. Mais, pour arriver au cœur de la Hollande, il fallait qu'il passât soit le Rhin, soit l'Yssel, qui, de ce côté, forment également l'un et l'autre une frontière naturelle. L'Yssel était trop à portée du camp du prince d'Orange, placé près de Doesburg ; quant au Rhin, la difficulté même de le traverser, faisait espérer que l'ennemi ne s'attendrait pas à un pareil mouvement ; cependant un corps hollandais, sous M. de Montbars, gardait le Betau (2).

de leur donner la liberté de se retirer dans quelque autre place de la Hollande. Elles exposaient au prince la faiblesse de leur sexe, et les craintes qu'un siége leur pouvait inspirer. Condé refusa leur demande, mais d'une manière fort galante, leur faisant dire, entre autres choses, « qu'il ne croirait pas avoir « remporté un avantage considérable en prenant leur ville, s'il « manquait à son triomphe ce qui en devait faire le plus bel « ornement. » (*Mercure galant* de 1673.)

(1) Orsoy et Rheinberg sont sur la rive gauche du Rhin, à mi-chemin entre le confluent de la Lippe et celui de la Ruhr.

(2) Le Betau est le pays compris entre les deux bras du Rhin : le Wahal et le Lech.

Le prince de Condé fit reconnaître le fleuve par le comte de Guiche, qui avait acquis durant la guerre de Pologne l'habitude de passer les rivières à la nage. Il découvrit en face du petit fort de Tollhuis, non loin de la tour du péage, un endroit où les berges n'étaient guère escarpées, et où, grâce à la sécheresse, on pouvait passer à gué, sauf une trentaine de pas qu'il fallait traverser à la nage. Pour détourner l'attention de l'ennemi, le Roi avait envoyé le duc de Luxembourg vers Deventer, et le comte de Roye vers Doesburg ; Turenne avait été chargé d'assiéger Rees (1). Une nouvelle reconnaissance ayant eu lieu, le prince d'Orange en apprit quelque chose par ses espions, et, comme Montbars s'était retiré des bords du fleuve, il envoya à sa place Wurtz avec quelques escadrons et plusieurs milliers de fantassins. Ce mouvement fit hâter les préparatifs de l'armée française. Le Roi arriva avec sa maison dans la soirée du 11 juin, et descendit à la tente de Monsieur le Prince.

---

(1) Rees est sur la rive droite du Rhin, à mi-chemin entre Wesel et Emmerich.

Le 12, au point du jour, le passage commença. Quelques bateaux construits sur un nouveau modèle, invention de Martinet, le réformateur de l'infanterie française, avaient été rassemblés à la hâte ; mais la cavalerie de la maison du Roi (1), guidée par l'intrépide comte de Guiche, qui, en vrai cavalier français, cherchait toujours l'occasion de réparer par son audace devant l'ennemi le tort que pouvaient lui faire les écarts de sa conduite en temps de paix, se lance dans le Rhin, et y rencontre un escadron ennemi, qui, caché derrière les saules, entre hardiment dans le fleuve pour disputer le passage. Il s'en suivit une courte mêlée, dans laquelle l'eau fut plus meurtrière que le fer.

Le prince de Condé et le duc de Longueville traversent dans une barque, et forment sur la rive opposée la cavalerie française, tandis que le Roi faisait passer des renforts et commencer immédiatement la construction d'un pont de bateaux. L'infanterie hollandaise

---

(1) « Condé, avare du sang des soldats, à moins que la nécessité de vaincre ne l'obligeât de le prodiguer, avait peine « à consentir que la cavalerie traversât le fleuve à la nage. « Louis XIV, touché de l'éclat d'une telle entreprise, accorda « aux troupes de sa maison l'honneur de se signaler ou de périr « à ses yeux. » *Histoire du prince de Condé*, par Désormeaux.

s'était retirée derrière un pli de terrain : elle était déjà presque entourée, et elle allait se rendre, quand, par malheur, les volontaires nombreux qui avaient suivi l'armée, et qui, comme tous les jeunes gens, étaient à la recherche d'une action d'éclat, se précipitèrent sur l'ennemi. A leur tête se trouvait le jeune duc de Longueville, qui cria imprudemment : « Point de quartier pour cette canaille ! » Un coup de pistolet fut tiré, et le combat se trouva engagé. Il ne dura pas longtemps ; mais le duc de Longueville y perdit la vie, et le prince de Condé, qui était accouru dans l'espoir de faire cesser cette mêlée inutile, reçut une blessure au poignet. Un pont fut bientôt établi, sur lequel purent passer le Roi et toute l'armée.

Cette opération audacieuse fit tomber Arnheim, força le prince d'Orange à quitter les bords de l'Yssel, et assura l'occupation de presque toute la Hollande. La conquête fut loin d'être entière parce que, malgré les avis de Condé, l'armée française ne marcha pas directement sur Amsterdam, alors qu'elle pouvait encore le faire. La campagne fut donc brillante, mais stérile. Le Roi, après avoir encore pris un certain nombre de villes, retourna à Saint-Germain avec sa maison, fier des succès auxquels il venait d'assister et que les premiers génies de son siècle s'empressèrent de célébrer. Mais il laissait ses troupes éparpillées dans une foule de places difficiles à garder, sans aucun moyen de continuer la campagne, et l'action future de l'armée se trouva paralysée par la résolution héroïque que prirent les Hollandais. Rompant les digues, ils inondèrent tout le pays, et se retirèrent dans les villes qui n'avaient pas été prises. Il est impossible de ne pas admirer cet élan de patriotisme d'un peuple qui préféra la perte de ses richesses à la signature d'une paix humiliante.

Nous avons un spectacle bien différent dans la campagne de l'armée républicaine en Hollande, au mois de janvier 1795, lorsque la révolution, venant en aide à cette armée, lui ouvrit les portes d'Amsterdam. Encore cette fois, la ligne importante à traverser était celle que forment le Wahal, le Rhin et l'Yssel. Ce fut sur le Wahal que les Français opérèrent alors leur passage.

Déjà en 1793, l'idée de cette campagne était venue à Dumouriez. A cette époque, où la France avait à lutter contre l'Europe entière, et où l'Angleterre était

un de nos plus redoutables ʰadversaires, la conquête
de la Hollande pouvait avoir une grande utilité : elle
divisait les forces de la coalition, et enlevait aux armées
anglaises une base d'opérations rapprochée de leur
île, et menaçante pour une de nos principales frontières. Mais Dumouriez ne devait pas avoir cette
gloire. Pour agir rapidement et pour n'être pas
arrêté par les principales défenses du pays, places
fortes et rivières qui sont en grand nombre entre la
Meuse et le Lech, il avait résolu de laisser son aile
droite en observation sur la Meuse, et de se porter
avec un corps expéditionnaire d'Anvers à Moerdyck,
sur le bord du Bielbos. Là il voulait s'embarquer, et,
naviguant sur les mers intérieures, arriver par surprise
à Rotterdam, d'où il se flattait de gagner aisément les
autres principales villes de la Hollande. Ce plan, qui
a été fort critiqué, exigeait, comme tous les projets
hardis, une exécution rapide. Le manque de bateaux
le fit échouer, et, tandis que Dumouriez s'efforçait
d'en rassembler, l'armée coalisée débouchait par Aix-
la-Chapelle sur la haute Meuse, et forçait les canton-
nements des jeunes troupes laissées aux environs de
Liége. La conquête de la Belgique était compromise,

la frontière dégarnie. Dumouriez fut obligé de revenir en toute hâte pour essayer de rétablir l'ordre dans sa droite. Il est inutile de rappeler ici sa tentative pour reprendre l'offensive sur les bords de la Gette, alors qu'il espérait encore pouvoir marcher sur la Hollande : cet espoir s'évanouit après les journées de Neerwinde, dans lesquelles la défaite de sa gauche força Dumouriez d'ordonner la retraite, que la division du duc de Chartres soutint avec tant de fermeté.

La pensée d'envahir la Hollande ne put être reprise qu'à la fin de la campagne suivante (1794). De nombreux succès avaient réparé tous les revers des débuts de 1793. La Belgique, un moment perdue, avait été reconquise, et l'armée du Nord, sous Pichegru, s'approchait du Wahal. Il est vrai qu'au point de vue de l'équipement, du matériel et des ressources, l'état de l'armée française était pitoyable ; mais pour l'entrain, le dévouement, l'abnégation, et la confiance dans la victoire, les soldats de Pichegru n'avaient pas leurs pareils. Sauf Berg-op-Zoom, Breda et Grave, dont le commandant Debons fit durer la défense pendant plus de deux mois, les places au sud du fleuve ouvrirent leurs portes, et les coalisés furent refoulés de l'autre côté du Rhin. Le gros de leurs forces était alors entre ce fleuve et l'Yssel ; mais le duc d'York, avec cinquante mille hommes, occupait encore la rive droite du Wahal, et le principal centre de sa ligne de défense se trouvait à Nimègue. La possession de cette forteresse était très-importante pour les ennemis ; car elle était une des principales défenses de la Hollande, et sa position sur les deux rives du Wahal, leur assurait un débouché facile pour les opérations de l'année suivante. Afin de sauver Nimègue, ils se décidèrent à repasser le Rhin en face de Wesel, et à essayer une pointe entre les deux armées du Nord et de Sambre-et-Meuse.

Les Français ne leur laissèrent pas le temps de se reconnaître et d'exécuter cette manœuvre. Tandis que les alliés avaient seulement jeté une avant-garde sur la rive gauche et construit quelques retranchements, l'armée du Nord continuait son mouvement offensif : la droite, sous le général Vandamme, assaillait ces ouvrages à l'improviste, s'en emparait, et culbutait leurs défenseurs dans le Rhin ; à la gauche, la division Bonnaud resserrait Breda, et se préparait à en pousser le siége avec vigueur ; enfin le centre commençait ses attaques devant le camp retranché de Nimègue, à une proximité inusitée, et repoussait toutes les sorties de la garnison. Celle-ci, partie anglaise, partie hollandaise, communiquait avec l'armée du duc d'York par un pont de bateaux, établi sur le Wahal. Une batterie française, habilement placée sur le bord de l'eau, détruisit le pont ; les Anglais rejoignirent alors leur armée, et le gouverneur, ayant obtenu la permission de se retirer quand il jugerait que la place ne serait plus tenable, prit à peine le temps de faire enclouer ses canons. Pichegru se trouva donc maître de Nimègue, presque sans avoir eu de combat à livrer. Il entra dans la ville le 8 novembre.

L'armée semblait avoir acquis le droit de se refaire un peu : cependant, à l'instigation des Hollandais réfugiés en France après l'essai de révolution de 1787, on se décida à continuer l'offensive. Mais une tentative faite pour s'emparer de l'île de Bommel n'ayant pas réussi, l'armée fut cantonnée le long de la Meuse. Elle n'y resta pas longtemps : la rigueur de la saison, en annulant les défenses naturelles de ce pays aquatique, ne tarda pas à faire sortir nos soldats de leur repos, pour les envoyer à de nouvelles conquêtes. Dès le 23 décembre, la Meuse était assez prise pour offrir

une route sûre · cette gelée inquiéta fort les alliés. Le général Walmoden, à qui le duc d'Yo·k, en
s'embarquant pour l'Angleterre, avait laissé le commandement, ne tarda pas à apprendre que la glace
venait d'emporter le pont d'Arnheim. Son front était
donc découvert et sa retraite menacée : il fut obligé
de se reporter un peu en arrière.

Le 28 décembre, l'armée française passe la Meuse
sur trois points différents, pour s'emparer de l'île de
Bommel : à Crève-Cœur, à Empel, et au fort Saint-
André. La glace était assez forte pour porter le canon.
Les Hollandais, surpris dans leurs postes, sont complétement défaits; quatre de leurs bataillons sont
pris (1); le reste se retire, partie vers Bommel (2) pour
passer le Wahal, partie vers Gorcum pour rallier le
gros de leur armée. L'avant-garde française franchit
elle-même le Wahal, et, coupant la ligne ennemie, sépare les Anglais des Hollandais. Mais la glace du Wahal

---

(1) Orange, Frise, Hohenlohe et Debons.

(2) La ville de Bommel, qui fut occupée ce même jour par
l'armée française, avait soutenu, en 1589, un siége fameux contre
les Espagnols, qui ne purent pas s'en emparer. Selon Grotius, ce
serait à ce siége que l'on aurait pour la première fois employé
les chemins couverts.

ne pouvait pas porter le canon, et il fallut s'arrêter quelques jours au milieu de ces succès. Cet heureux passage devait, si le froid continuait, décider du sort de la Hollande; car le prince d'Orange à Gorcum, et Walmoden sur le Rhin et l'Yssel, ne pouvaient rien contre les forces qui se trouvaient entre eux deux; en outre, la disposition des esprits en Hollande promettait un appui aux Français. En vain le Stadthouder demanda-t-il une trêve. Pichegru la refusa, et transmit seulement au Comité de salut public les propositions de paix qui lui avaient été adressées : elles furent repoussées. Peut-être aurait-il mieux valu les accepter; car elles eussent conservé à la Hollande ses colonies, et empêché l'Angleterre de s'enrichir des dépouilles de ses alliés.

Le 8 janvier, le grand froid permit de reprendre l'offensive : le centre passa aussitôt le Wahal; mais la droite, retardée encore par l'état de la glace, ne put franchir le fleuve que le 10. A la nouvelle de ce mouvement, le général Walmoden opéra sa retraite par Deventer sur le Hanovre; le prince d'Orange quitta son armée pour se retirer en Angleterre avec le Stadthouder; et les états ne tardèrent pas à décider que l'on ne résisterait plus aux Français. Dès lors, le mouvement des républicains ne fut plus qu'une marche triomphale. Le 14, l'armée française prenait position sur le Lech, ayant sa droite au Rhin ; le 15, l'arrière-garde anglaise évacuait la province d'Utrecht, et les Français y suivaient ses traces ; le 17, Vandamme entrait à Arnheim, et Salm à Utrecht ; le 20, tandis qu'un mouvement populaire ouvrait à Pichegru les portes d'Amsterdam, la gauche, sous Bonnaud, traversait le Bielbos sur la glace, et arrivait à Dordrecht : elle y saisit le principal arsenal militaire du pays ; elle occupa ensuite Rotterdam, et, suivant la longue digue qui sépare la Hollande de la mer, elle marcha successivement sur La Haye et sur Leyde. Enfin, comme pour rendre encore plus merveilleuse cette étonnante campagne, la cavalerie française, passant sur la glace dont le Zuydersee était couvert, vint jusqu'au Texel sommer la flotte, réduite à l'immobilité, de remplacer les couleurs orangistes par le drapeau de la Révolution.

Ces deux campagnes, dont le récit abrégé nous a conduits jusqu'au bord de la mer, suffisent à suggérer cette réflexion, que la configuration du territoire de la Hollande met ce pays généralement à l'abri des grandes batailles. Ses villes furent alors l'occasion de nombreux siéges; mais l'opération la plus importante des campagnes dirigées contre la Hollande a été de tout temps le passage de l'un des bras du Rhin; et la nature, aidée par l'art, défend si bien la contrée, que, même quand cet obstacle est victorieusement franchi, la conquête ne peut être entière que si les populations se rallient au vainqueur.

---

Au moment où nous fermons le carnet de voyage d'où nous avons extrait les notes qui précèdent, qu'on nous permette de résumer les souvenirs que nous avons pu recueillir, et les idées que leur ensemble fait naître dans notre esprit.

Si l'on jette les yeux sur la carte pour embrasser d'un seul coup d'œil cette grande vallée du Rhin, il est facile de reconnaître qu'elle a été, qu'elle est, et qu'elle sera toujours, la principale ligne de défense de la France.

C'est le Rhin qui, lorsque la neutralité de la Suisse avait été violée par une agression injuste, a servi à

Masséna de ligne stratégique : Masséna défendait à Zurich le sol de la patrie, et nul doute que, s'il eût été vaincu, l'ennemi d'alors n'eût agi comme Schwartzenberg en 1814, et pénétré en France par Bâle, et par la trouée qui est entre le Jura et les Vosges, au sud du Ballon d'Alsace. Notre frontière est vulnérable près de Bâle ; mais, en même temps, Huningue, à la porte de Bâle, est un centre d'offensive menaçant pour nos adversaires. On peut de là, comme Moreau l'a prouvé en 1800, tourner au sud des Montagnes-Noires, et pénétrer au cœur de l'Allemagne, en arrière d'Ulm, sans rencontrer de grands obstacles naturels.

De Bâle à la Lauter, le Rhin, avec les Vosges et avec nos nombreuses places fortes, a toujours été pour l'ennemi un obstacle insurmontable, tandis que la configuration du sol sur la rive droite, et sa division en zones de peu d'étendue, encaissées dans des ramifications des Montagnes-Noires, nous ont offert de grands avantages pour l'offensive. C'est ce que montrent, et la campagne de Moreau, en 1796, dans laquelle, exécutant le plan conçu par Turenne en 1675, il déboucha, à travers la Forêt-Noire, dans les vallées du Neckar et du Danube ; et la marche du duc d'Enghien, en 1644, pour investir Philippsbourg et pour occuper Mayence.

Si le Rhin, là où il nous sert de frontière, a plus d'avantages militaires pour nous que pour nos adversaires, il s'ensuit que ceux-ci préféreront toujours essayer de porter ailleurs leurs coups. C'est donc surtout dans la partie de son cours qui est au nord de la Lauter, que le fleuve a vu et pourra voir de grandes luttes entre eux et nous. Ce n'est plus notre ligne de défense immédiate, mais c'est la ligne stratégique de nos adversaires, et nous avons toujours dû nous efforcer de l'enlever pour la transformer en ligne de défense. De là l'importance des vallées qui, de notre frontière, se dirigent vers le Rhin, et des points où les rivières qui les arrosent se jettent dans le fleuve : tels sont Mayence, Bacharach, à l'embouchure de la Nahe, Coblence et Neuwied, à celle de la Moselle.

Mayence, si proche de notre frontière, à cheval à la fois sur le Rhin et sur le Mein, maîtresse enfin d'un vaste réseau de chemins de fer, est et restera la véritable clef du grand fleuve. Pour arriver à Mayence, bien des routes diverses se présentent à nos armées, soit qu'elles traversent le Rhin près de Strasbourg et

descendent sa rive droite, comme Pichegru aurait pu
le faire en 1795 ; soit qu'elles suivent la rive gauche
et enlèvent successivement les lignes de la Lauter, de
la Queich et du Speyerbach, comme Custine le fit
en 1792, comme Hoche entreprit de le faire en 1793 ;
soit enfin qu'elles remontent de la vallée de la Moselle
à travers les montagnes du Hundsruck, comme Moreau le tenta en 1795. Mais Coblence, avec ses fortifications, qui ont été tellement augmentées, est là
pour rendre cette dernière opération très-difficile,
sinon impossible. Après Coblence vient Cologne,
autre grande place d'armes, mais déjà bien éloignée
de notre territoire. Au-dessous de Cologne, le Rhin
n'a plus pour nous qu'une importance secondaire.

On a pu remarquer, en suivant cette étude, que
les nécessités stratégiques qui naissent de la disposition du sol, ont quelque chose d'immuable ; personne toutefois n'ignore que, depuis le commencement de ce siècle, des changements de diverse nature
ont modifié, en bien des points, la géographie militaire de la vallée du Rhin : je veux parler des grandes
voies de communication qui y conduisent aujourd'hui,
du système des places qui y ont été élevées, de la

distribution nouvelle des peuples qui l'habitent, et, par suite, des diverses armées.

Les lignes de communication, qui, soit pour les mouvements des troupes, soit pour l'approvisionnement des immenses réunions d'hommes composant les armées modernes, tiennent une si grande place à la guerre, ne sont plus les mêmes, depuis la construction des belles routes dues à Napoléon, et surtout depuis l'établissement, plus récent, des chemins de fer. La campagne d'Italie en 1859, la longue lutte des États-Unis de 1860 à 1865, et enfin la guerre si rapide et si décisive de 1866, ont fourni de nombreuses preuves du parti que les armées peuvent tirer de ce nouveau mode de transport. En examinant le réseau des chemins de fer de la vallée du Rhin, on voit d'abord deux grandes lignes, qui, presque sans interruption (1), et, pour ainsi dire, sans s'éloigner (2)

---

(1) Il n'y a d'interruption, sur la rive droite, que depuis Ehrenbreitstein (en face de Coblence) ; sur la rive gauche, il n'y en a pas.

(2) La ligne de la rive droite s'éloigne du fleuve principalement à Fribourg, à Heidelberg et à Darmstadt. Celle de la rive gauche s'en éloigne d'abord en Suisse, où elle passe par Winterthur, Zurich, Aarau et Olten ; puis, en France, à Mulhouse,

du fleuve, suivent ses deux rives, depuis le lac de Constance jusqu'à Nimègue (1), près de l'endroit où le Rhin se divise. Ces deux lignes principales communiquent entre elles par neuf grands ponts, qui, tous capables de porter des convois, seraient d'une immense ressource pour des armées ; à deux endroits seulement, à Maxau et à Rheinhausen, les trains passent sur des ponts de bateaux. Deux de ces ponts, à Schaffhouse et à Waldshut, communiquent avec la Suisse ; un, à Strasbourg, relie la France au grand-duché de Bade ; deux, à Maxau et à Manheim, conduisent à la Bavière rhénane ; celui de Mayence peut être considéré comme prussien ; et les autres, situés à Coblence, à Cologne, à Rheinhausen (près de Duisburg), et à Gruythuisen (près de Clèves), unissent les deux rives prussiennes. Mais ces lignes principales, parfaitement reliées ensemble, comme on le voit, et dont les points de passage

---

Schlestadt, Haguenau et Wissembourg ; dans le Palatinat, à Landau et à Neustadt ; enfin, dans le nord des provinces rhénanes, durant le parcours de Crefeld à Clèves.

(1) En outre, chacune des extrémités du Rhin, en Suisse de Coire au lac de Constance, en Hollande de Nimègue à la mer, est longée par un chemin de fer.

sont défendus militairement, sauf ceux de Maxau et de Manheim, ne seraient peut-être pas les voies ferrées les plus importantes pour deux armées qui combattraient dans la vallée du Rhin. Le premier rôle appartiendrait aux lignes perpendiculaires, qui pourraient, soit amener en quelques jours sur le fleuve des troupes venant des camps les plus éloignés, soit y apporter, à chaque instant, les ressources en vivres et en munitions de toutes les contrées belligérantes. Ces lignes longent généralement les principaux affluents du Rhin : ce sont, sur la rive droite, les lignes du lac de Constance (1), celles de la Kintzig (2), de Pforzheim, et du Neckar, qui se lient aux deux réseaux du sud de la Bavière ; puis celles d'Aschaffenbourg, de Francfort, de la Lahn et de la Sieg, qui aboutissent dans l'ancien électorat de Hesse-Cassel, et se relient, par son réseau, à ceux de la Thuringe et de la Saxe ; enfin, celles qui, des environs de Dusseldorf et de Duisburg, conduisent à Minden, Hanovre et Berlin, et font partie de tout le système des chemins du nord de l'Allemagne. Sur la

---

(1) Elles aboutissent à Lindau et à Friederichshafen.

(2) Celle de la Kintzig passe à Hausach et à Donaueschingen, mais ne sera terminée qu'en 1870.

rive gauche, on trouve d'abord les lignes suisses, qui, à cause des montagnes, ne s'étendent pas loin; en France, deux lignes, celle de Mulhouse par Belfort, et celle de Strasbourg par Saverne, relient le réseau du Rhin à toutes les lignes françaises; dans le Palatinat, une ligne traverse les montagnes et vient de Saarbruck, par Kayserslautern, aux environs de Spire; de Saar-bruck, une autre conduit encore à la vallée de la Nahe et débouche à Bingen; enfin, Cologne, Dusseldorf et Crefelt, sont réunis, par trois lignes distinctes, à tout le réseau de la Belgique et du nord de la France. Il est aisé de voir, en jetant un coup d'œil sur la carte, que les points de concentration du réseau français sont Mulhouse, Strasbourg et Metz, tandis que ceux du réseau allemand sont Heidelberg, Mayence, Coblence et Cologne; mais il semble encore que Mayence l'emporte sur les trois autres villes par l'importance stratégique de son propre réseau.

Nous avons eu l'occasion de nommer, dans le cours de ce travail, presque toutes les places fortes de la vallée du Rhin, tant anciennes que modernes. Assurément les changements qui surviennent tous les jours dans l'art de la guerre peuvent de plus en plus modifier la valeur de chacune de ces places : cependant, comme Mayence est encore aujourd'hui, nous l'avons dit, la véritable clef du Rhin, la possession de cette ville offre des avantages assez considérables pour être le principal but d'une campagne. Les vastes camps retranchés qui, comme Coblence et Cologne, commandent à la fois et les passages des fleuves, et les centres des chemins de fer, continueront d'avoir une grande importance. Enfin les moindres places, comme Landau, Germersheim et Rastadt, devront toujours être prises en grande considération, parce que, à cheval sur les chemins de fer, elles peuvent en entraver l'usage.

Si l'on voulait s'étendre sur les innovations apportées dans la conduite de la guerre, on pourrait aller chercher des exemples dans la dernière lutte aux États-Unis, et là en trouver deux qui sont assez nouveaux en Europe : c'est d'abord la navigation des fleuves ouverte aux canonnières par la vapeur, qui a permis à la marine de prendre une large part au gain des batailles livrées dans le centre du continent américain ; c'est ensuite le nouvel emploi d'une arme que l'on dénigre beaucoup aujourd'hui, mais qui est de force à résister à toutes ces critiques : nous voulons parler de la cavalerie, et des grandes expéditions qu'elle a exécutées aux États-Unis, tournant autour des armées ennemies, s'emparant de leurs magasins, coupant leurs communications, détruisant leurs chemins de fer, brûlant leurs ponts, et causant souvent ces paniques dont les armées les plus aguerries ne sont pas toujours exemptes. Il est toutefois indispensable d'ajouter, que, si ces deux moyens de guerre peuvent être utiles en Europe, leur application était très-facilitée en Amérique, par la grandeur et le nombre des fleuves navigables, et par l'immense étendue des pays peu habités dans lesquels opéraient les armées.

Un dernier point digne d'attention, c'est que la géographie politique a eu également ses modifications, au point de vue militaire. Ce sujet pourrait être développé ; mais pour donner en deux mots le bilan, à ce point de vue, des changements survenus chez nos voisins depuis 1815, on trouve : à notre actif, la neutralité de la Belgique, œuvre du gouvernement de Juillet, et la neutralité du Luxembourg, déclarée, en 1866, à la demande du gouvernement actuel ; à notre passif, les changements accomplis dans l'Allemagne, qui, auparavant faible et désunie, fournissait plus de trente armées différentes, dont la plupart avaient besoin d'un long espace de temps pour prendre le pied de guerre (l'été de 1859 en fournit une preuve évidente), et qui voit aujourd'hui plus de la moitié de ses habitants se grouper autour d'un peuple essentiellement guerrier, et prompt à se mettre tout entier sous les armes.

Malgré le désir que la Prusse agrandie témoigne de conserver la paix, malgré les dispositions semblables de la France, une lutte, dont la vallée du Rhin serait le théâtre, est malheureusement encore possible, et les progrès de la civilisation n'ont pas jusqu'à présent réussi à supprimer à jamais les guerres qui peuvent naître des divers incidents de la vie des peuples. Lors donc qu'après avoir entrepris un voyage pour rechercher le souvenir des exploits de ses ancêtres, on vient à penser que, peut-être un jour sur les mêmes champs de bataille, se décidera de nouveau le sort de la patrie, on est tenté de répéter le beau vers de Musset :

> Où le père a passé, passera bien l'enfant,

et l'on comprend bien ces mouvements d'enthousiasme qui, dans les moments de crise, saisissent les jeunes cœurs, et font partir pour la frontière tous les Français, sans distinction d'âge, de rang, ni d'opinion. Nous pouvons d'ailleurs envisager les chances d'une guerre à laquelle nous serions mêlés, avec sang-froid, et avec une pleine sécurité pour l'honneur de nos armes ; car la France doit à juste titre être fière de ses soldats, qui se sont formés aux rudes écoles des guerres d'Afrique, de Chine et du Mexique, et ont glorieusement porté son drapeau en Crimée et en Italie.

Hâtons-nous de dire que nous n'en sommes pas là, et que cette étude de la vallée du Rhin n'est nullement une étude de circonstance. Rien ne fait prévoir, comme inévitable, la chance d'un conflit européen. Une guerre de souverains à souverains, c'est-à-dire voulue des souverains seuls, devient de moins en moins probable : il n'est pas admissible qu'un grand pays soit lancé dans une pareille aventure par un calcul de politique personnelle. Reste la guerre nationale, la seule que l'on puisse comprendre, celle qui éclate quand les développements distincts de deux peuples voisins se nuisent réciproquement, et que leurs intérêts deviennent inconciliables. Mais est-il nécessaire que cette triste éventualité se réalise entre la Prusse et la France? La première ne peut-elle donc pas se contenter des immenses progrès qu'elle vient d'accomplir depuis deux ans? et la France ne doit-elle pas chercher à obtenir par d'autres moyens que par les armes cette influence prépondérante dans toutes les affaires européennes que paraissent lui assurer, non-seulement sa forme compacte, l'union de toutes ses parties, sa situation géographique, mais aussi la supériorité intellectuelle que l'Europe lui a si longtemps reconnue, et la puissance de ses idées? Ce n'est pas uniquement par ses victoires que la France a tenu le premier rang. Elle était plus grande en 1789, lorsqu'elle proclamait de nouveaux principes sur le continent, qu'en 1810, lorsque Napoléon lui avait donné des frontières qu'elle ne pouvait pas garder. Les principes posés par la France en 1789 sont maintenant reconnus par toutes les nations; mais l'Europe n'a pas fini son œuvre de rénovation. Il y a loin des principes à la pratique : c'est en franchissant cette distance, en montrant à l'Europe notre rénovation sociale enfin établie sur les plus larges bases de la liberté, que notre patrie peut lui donner le plus grand exemple, et reprendre cet ascendant moral qui appartient à son génie. Il faut que ce soit aujourd'hui sa principale ambition.

Les voyageurs français qui viennent d'accomplir ce pèlerinage militaire des bords du Rhin éprouvent un grand charme à en rapporter les souvenirs dans leur patrie, dont, à chaque pas qu'ils ont fait, ils ont retrouvé la gloire. Il en est pourtant qui, après avoir longé, en la parcourant dans ses détours, la frontière française, ne sont pas libres de la franchir : les réminiscences des premières années leur retracent seules l'aspect du pays natal, qu'il ne leur est pas permis de revoir; et l'on doit pardonner à celui qui écrit ces lignes le regard d'envie dont il suivait ses compagnons de voyage qui, plus heureux que lui, remettaient le pied sur le sol de la France.

FIN

Clichy. — Impr. Maurice Loignon, Paul Dupont et Cie,
rue du Bac d'Asnières, 12.

# TABLE DES MATIÈRES

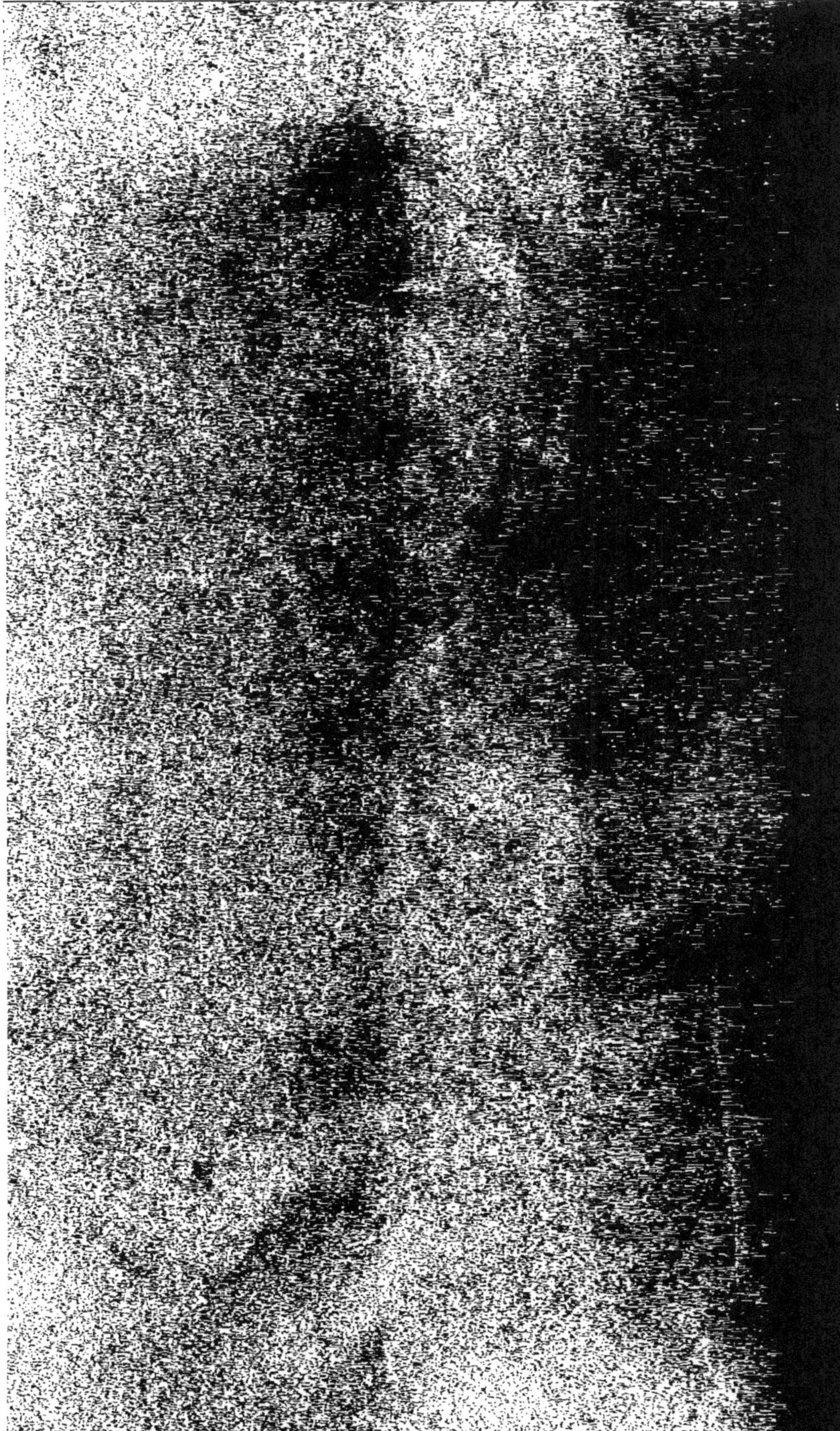

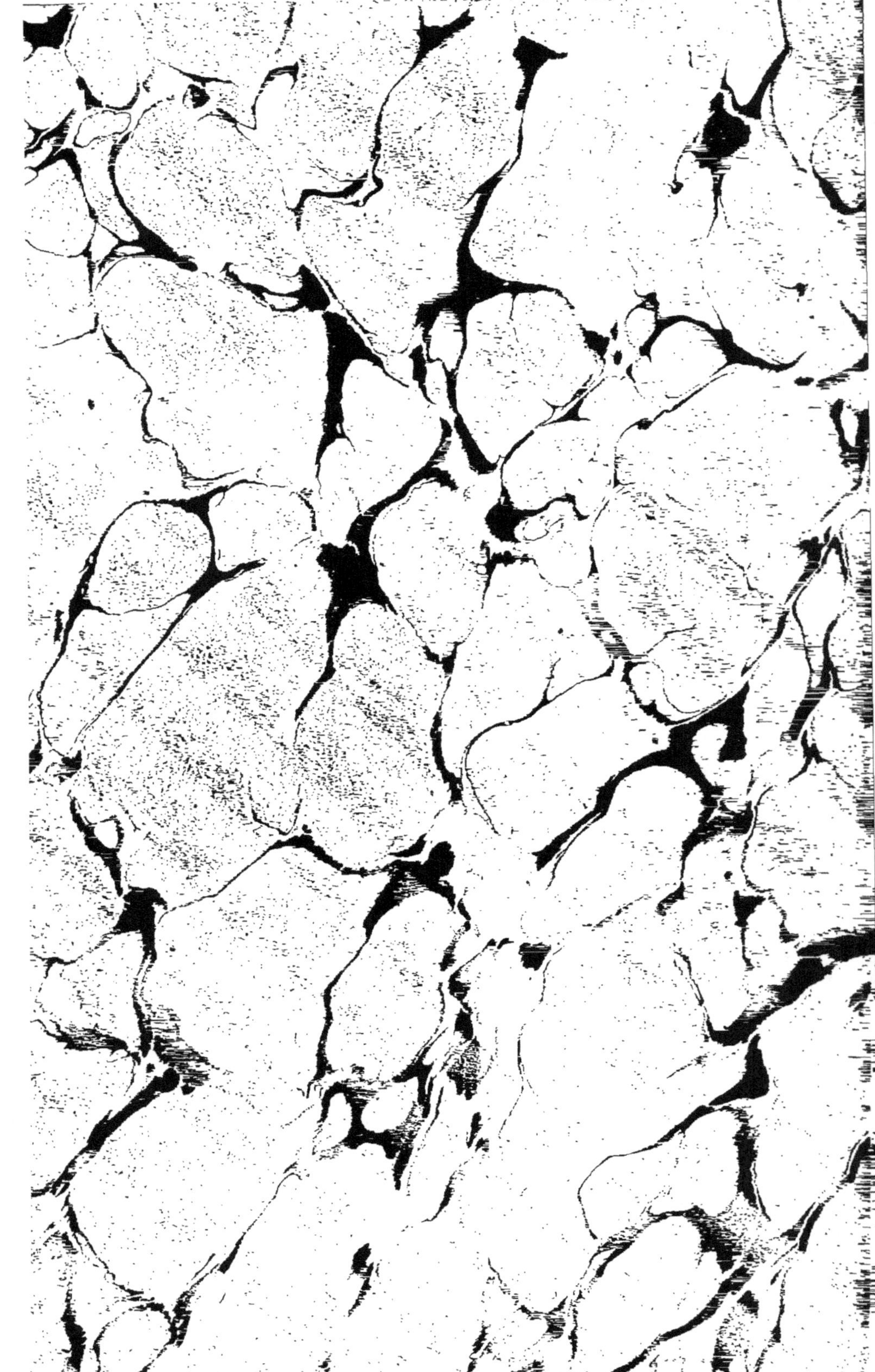

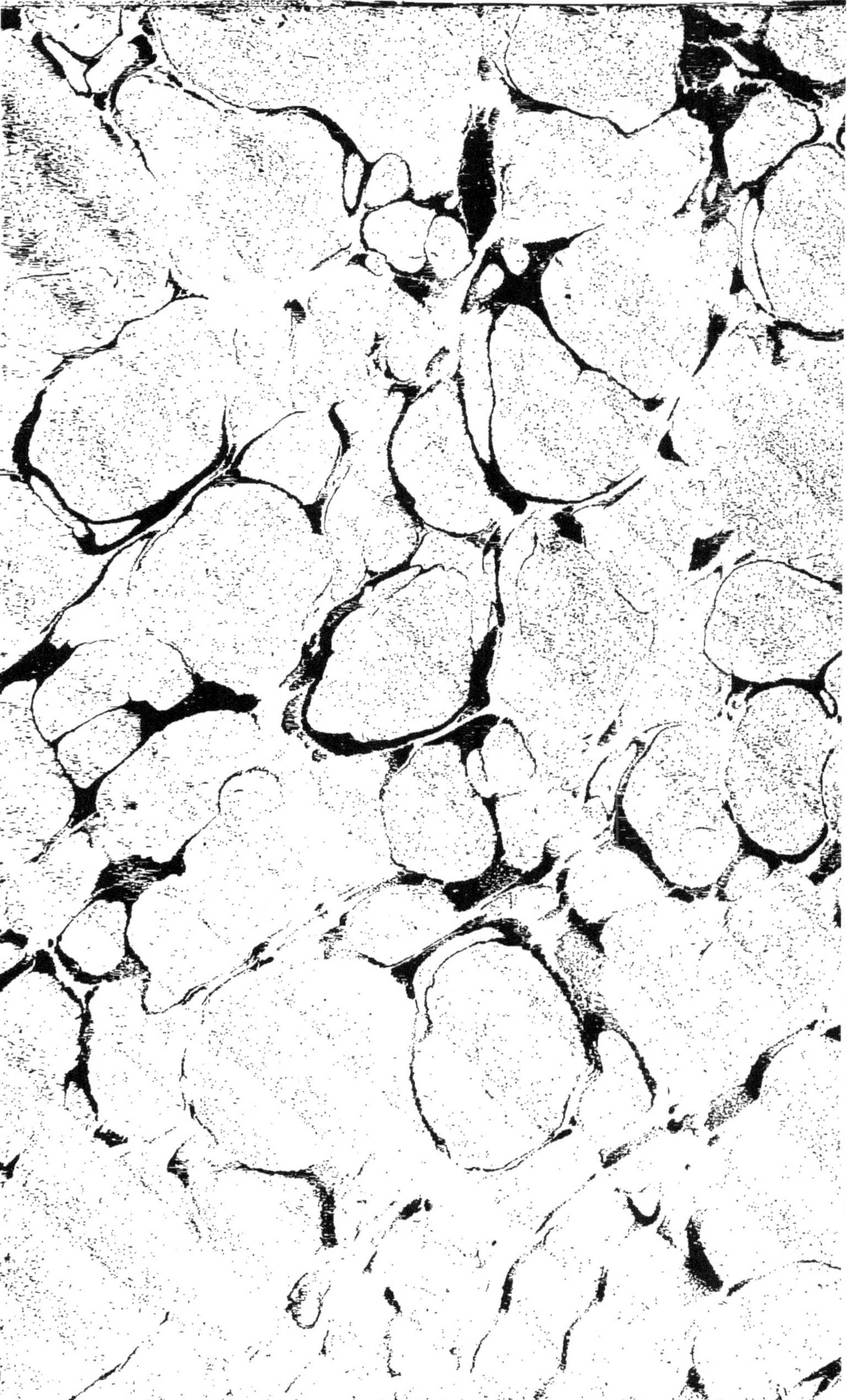

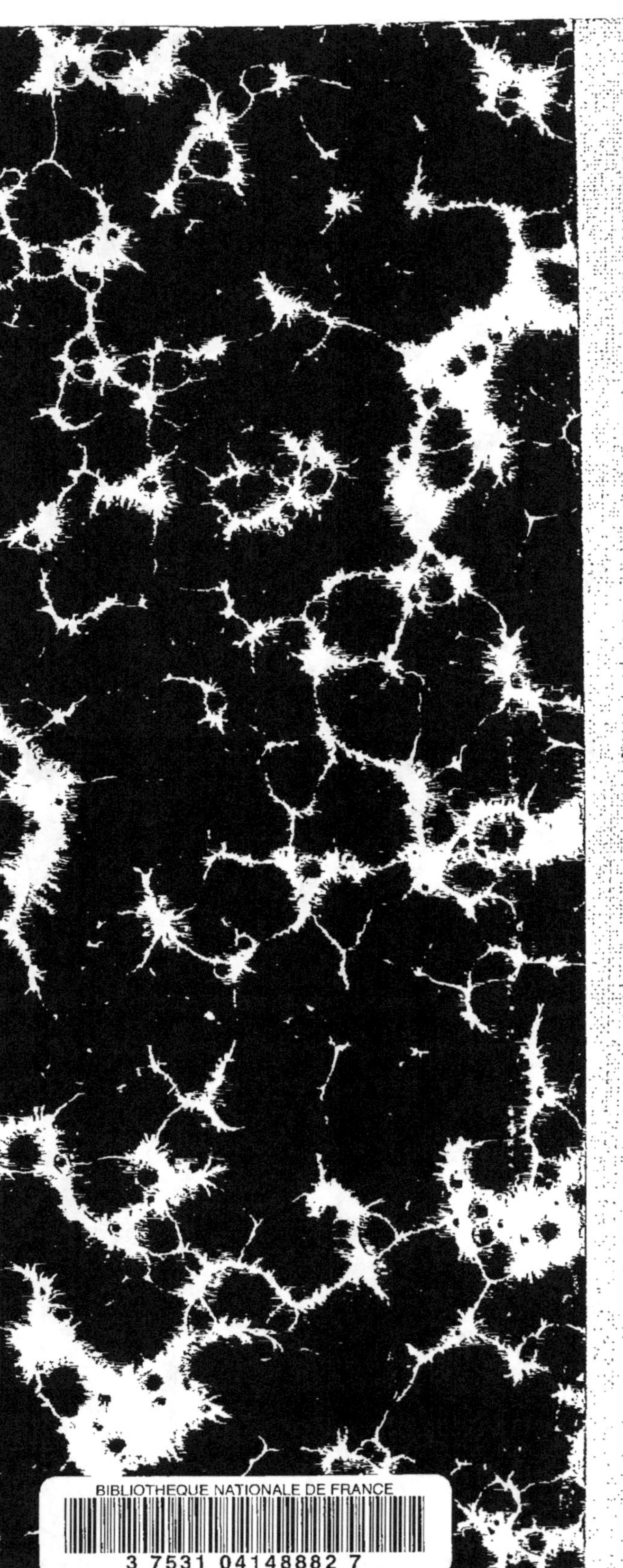